人生に必要な教養は中学校教科書ですべて身につく

12社54冊読み比べ

池上彰
佐藤優

中央公論新社

はじめに

あなたは学校を卒業した後、それまで使っていた教科書をどうしましたか？　二度と見たくないと、すぐに処分した人。なんとなく捨てがたく保管しているけれど、見返すことはない。おそらくどちらかの人がほとんどでしょう。折に触れて見返している人がいたら、たいしたものです。

私はＮＨＫの「週刊こどもニュース」のキャスターを一一年間担当しました。一般向けのニュースを、子どもにもわかるように噛み砕いて伝える番組でした。子どもといっても、小学校一年生と六年生では理解度に大きな差があります。そこで五年生以上を対象に定めました。

そのためには、子どもたちが使っている教科書が、どこまで教えているかを理解していなければなりません。そこで小学校と中学校の各教科の教科書を取り揃え、取り上げるテーマや表現が何年生で教えられているかを常にチェックしていました。

国政選挙が近づきますと、国会や内閣の違いや国会議員の仕事などについて教科書を熟読することになりました。小学校の教科書だけでも、かなりの知識が得られます。中学校になると、経済の基礎的な知識も十分理解できます。

中学校までの教科書の内容を自分のものにしていれば、大変な物知りだ。当時そう思ったものです。番組を卒業し、いまはフリーランスのジャーナリストとしてテレビでニュースをわかりやすく解説する仕事をしていますが、しばしば「いろんなことを知っていますね」と言われます。実はそのほとんどは中学校の教科書に出ていることなのです。私の知識の多くは中学校までの教科書によって得たものなのです。

私と違って、中学校の教科書どころではない「知の巨人」の佐藤優氏と教育について語っているうちに、佐藤氏も中学校の教科書をマスターすれば現代社会を生き抜いていけるという認識を持っていることを知り、この本の企画が成立しました。

改めていまの教科書を読んでみると、とりわけ理科や数学の教科書の「進化」には驚かされます。英語の教科書に目を通せば、「日本の学校の英語教育はもっと会話に力を入れるべきだ」と言っている人たちが、実は今の英語の教科書がどう変化しているか知らないことに気づきます。

教科書をどうやって手に入れるか。実は一般の人でも購入できる教科書供給会社が全国にあります。教科書の価格は安いもの。じっくり読んで頭の中を掃除したり再整理したりするのに絶好の教材です。まずは、その教科書を楽しく読むコツを、この本で会得してみてください。

二〇二〇年四月

ジャーナリスト　池上　彰

目次

ブックデザイン　古屋真樹＋山本嗣也
（志岐デザイン事務所）
構　成　南山武志

人生に必要な教養は中学校教科書ですべて身につく

12社54冊読み比べ

序章に代わるブレインストーミング　今なぜ「中学の教科書」か

「無知」の恐ろしさ

佐藤　池上さんと中学の教科書を読む、ということの本を着想したのは、仕事などで付き合う人たちの「基礎学力」、言い方を変えると「教養」の不足が見過ごせるレベルを超えているのではないか、と日々痛感させられるようになったのがきっかけなのです。相応の教育を受けてきたと思しき人たちが、例えばイランがアラブ人の国だと思っている人が少なからずいるし、日本とロシアの戦争状態が終わっているという事実を知らなかったりする。

池上　私には、授業を持っていたある大学で、日本銀行の金融緩和の手法について説明していたら、学生が銀行に預けた預金は、銀行が大事に金庫にしまっていると思い込んでいることを知った経験があります。金融緩和どころか、銀行がどんな仕事をしているのかという基礎から解説することになりました。あるいはテレビ番組で、今を時めくアイドルグループの若い女性と話していたら、「比率」という概念が、まったく理解できていないこともありました。

佐藤 若い人に「一と六五%とどちらが大きいか?」と聞くと、後者だと答えることが珍しくありません。この場合は、小学校で躓いているわけですが、こうした状況を「ゆとり教育」の弊害で片づけるのは、あまりに皮相的に過ぎます。

池上 はい。そもそも「ゆとり教育」が学力低下を招いたという認識自体が皮相的なものですが、佐藤さんが指摘するような「教養不足」は深刻です。

佐藤 今の日本には、「北方領土は武力で奪い返せ」と公言してはばからない東大出の国会議員がいたり、統計の意味や重要性が理解できない中央官僚組織があったりもします。

池上 厚生労働省の「毎月勤労統計調査」問題ですね。

佐藤 そういう事象を、ごく一部の人間たちによる特異な振る舞いと「過小評価」するのは危険です。本来、国の中で最も知性、教養レベルが高いはずのところで、目に見える劣化が進行している。これは、まさに氷山の一角とみるべきで、海面下がどうなっているのかを想像するに、このままの状態で世界を漂流していくことの恐ろしさが、身に迫ってくるわけです。

池上 みなさん、胸に手を当てて考えれば、若者の「教養のなさ」を笑えないあやふやさに思い当たるのではないでしょうか。

佐藤 ただし、「だから、日本の教育はこうあるべきだ」と語るのが、本書の目的ではありません。社会の中堅と目される三〇代、四〇代、あるいはそれ以上の世代であっても、遅くはない。もし、必要とされる教養が不足しているという自覚があるならば、今からそれを身につけましょう。その術はあるのです——というのが、今回伝えたいことなのです。

池上　今おっしゃった「必要とされる教養」には、当然「このグローバル時代を生き抜くために」とか、あるいは「来るべき〝AI時代〟を見据えて」といった「枕詞」が付けられるわけですね。

佐藤　はい。そういうことです。

中学の教科書を侮ることなかれ

池上　あらためて、「テキスト」に中学の教科書を選んだ理由を聞かせてください。

佐藤　ひとことで言えば、日本の義務教育の最高段階が中学校だからです。高校に行くと教わることがグンと高度になるので、テキストとして難しすぎる、というのも理由です。

池上　裏を返すと、現代を生きる日本人にとって必要な教養は、中学の教科書をマスターすれば十分である、と。

佐藤　おっしゃる通りです。

池上　ただ、そのように言うと、次のような反論が出るかもしれません。第一に、「グローバル時代の教養は、中学レベルでは足りないのではないか」。同時に、「無味乾燥な中学の教科書を読み直すなど、まっぴら御免だ」という反応もありそうです。

佐藤　その点を、池上さんはどう思いますか？

池上　私も以前から中学校の教科書は仕事の都合もあって、よく目を通していましたから、先ほどのような認識はまったく的外れです。改めて二〇一九年度に教育現場で使われていた教科書（二〇一四年度検定済）を通読してわかることは、中三までの内容を概ねマスターしたら、大変な「もの知り」になれるということです。私自身、「へぇ、そうなんだ」と、気づかされたことが、いくつもありました。

佐藤 私にも、新たな発見がありました。そして、「無味乾燥」でもないと思います。

池上 ある意味、一番驚いたのはそこです。これは、読者がいつの時代に中学生だったか、どんな教科書で教わったのか、によって違うと思うのですが、私の感想は、まさに「隔世の感あり」でした。

ちなみに、私は一九五〇年の生まれで、中学生だったのは一九六〇年代前半です。都立高に在学中の六七年には、都立高校の入試制度が、個別の学校ではなく「学校群」を受験するというふうに改められました。その結果、東京では都立校人気が凋落し、御三家（開成、麻布、武蔵）をはじめとする私立校が台頭、という勢力図の転換が起こってくるのですが、その起点になった時代です。

佐藤 私は、一九六〇年生まれで、中学時代は七〇年代前半。大学を受験した七九年には、今の「大学入試センター試験」の前身である「共通一次試験」が始まっています。池上さんのちょうど一〇歳年下になるわけですが、今の中学の教科書に対する感想は、まったく同じです。

池上 一見して、ビジュアル的にぜんぜん違う。我々の頃よりも大判になり、信じ難いことにフルカラーです（笑）。昔は紙質ももっとペラペラで、モノクロでした。

カラー印刷も、単に視覚的に見やすくしているだけではありません。いわゆるユニバーサルデザインに即して、この色の組み合わせで視覚障害を持っていてもちゃんと読めるのか、というところまで、きちんとチェックしているんですね。

佐藤 ただ、ペラペラだとカラー印刷が難しいから、紙は厚くなって、教科書自体が重くなった。必ずしも文字数が増えたのではないけれど、嵩も重量も増したわけです。それを何冊も持ち歩かなければならない今の小中学生は、けっこう大変です。

池上 でも、国際標準からすると、日本の教科書はこれでも薄いんですよ。アメリカの義務教育の教科書なんて、ものすごく分厚い。大きな理由は、先生の質にあります。なんだかんだ言って、日本の先生の質は高いわけです。アメリカは必ずしもそうではないから、人によっては、教科のすべてを教えられない。だから、できるところだけをやって、「あとは教科書を読んでおきなさい」とやっても対応できるようになっている。そこでアメリカの教科書は懇切丁寧で、読めばわかるようになっている。結果として厚くならざるを得ないのです。

佐藤 日本の場合は、教科書はあくまでも先生が授業を行うためのツールというわけですね。コンパクトにまとまっているというのは、社会人が学び直すうえでも、好都合なのではないでしょうか。

「何のために学ぶのか」「どう役立つのか」を教えてくれる

池上 読者の方に、さらに興味を持ってもらうために、今の中学の教科書にどんなことが書かれているのか、ちょっとだけ覗いておきましょうか。

佐藤　さきほど、「読んでみたらいろいろ気づきがあった」とおっしゃいました。森羅万象を誰よりも詳しく解説するあの池上彰が、あらためて中学教科書のどこに「感じた」のかというのは、誰しも知りたいところだと思います。

池上　それほど大げさな話ではありませんけど、例えば、二年生の理科で「電磁誘導」を習います。

佐藤　コイルに磁石を近づけると、コイルに電圧が生じて誘導電流が発生する。

池上　私が習った教科書には、螺旋状のコイルに棒磁石のN極を近づけたとき、遠ざけるときに、電流が流れる方向を矢印で示した図なんかが載っていて。

佐藤　流れる向きが反対になる。

池上　そうです。そういう説明が淡々と書かれていて、これは、この現象を発見した科学者の名を取って、「ファラデーの原理」と言います、と。確かそんな感じだったと思います。でも、今の教科書には、説明の後に、実はその原理が身の回りでも使われているんですよ、と鉄道乗車券や電子マネーなどの「非接触型ＩＣカード」の話が出てくるのです。

ＩＣカードには電池などの電源がない。それでも情報を読み書きできるのは、内蔵のコイルに秘密がある。カードの読みとり機からは、変化する磁界が発生している。カードをかざすと、変化する磁界がコイルをつらぬくので、誘導電流が流れる。こうして、カードのＩＣチップを作動させている。

〈大日本図書「新版　理科の世界2」211ページ〉

まさに、「へえ、そうなんだ」です。

佐藤　駅の改札で「ピッ」と音をさせるたびに、「今、手元の読み取り機から出ている磁力が私のカードのコイルを貫いて、電流が流れたんだ」と。(笑)

池上　そうすると、教科書に書かれていることが、「試験のために覚えなくてはならないもの」から、「自分たちの社会を理解するために有意義な知識」に変わるわけです。

そういうふうに、教科を問わず「学びのモチベーション」を植え付ける仕掛けが、随所に施されているのも、今の教科書の特徴ですよね。

佐藤　作り手の側がそこを強く意識しているのは、間違いありません。

「中一以下」の厚労省統計不正

池上　数学でも、例えば統計を学ぶ章にこんな記述があって、びっくりしました。

1936年のアメリカ大統領選挙では、共和党からランドン氏、民主党からはルーズベルト（ローズベルト）氏が立候補しました。

ある出版社は、事前に1000万枚の調査票を郵送し、そのうち、200万枚以上の回答を得て、

その結果をもとにランドン氏の当選を予測しました。しかし、実際に当選したのはルーズベルト氏だったのです。

これだけ多くの回答から導き出した当選の予測が当たらなかったのは、なぜでしょうか。その原因の1つは、調査の対象が、特定の所得層の人にかたより、無作為抽出になっていなかったためであるといわれています。

〈啓林館「未来へひろがる　数学3」201ページ〉

全数調査に対して、「標本調査」とはどういうものか、という説明を補足するコラムです。これも、事実を提示して、「無作為抽出というのは、母集団から偏りなく標本を選ぶこと」という理解を助けるための工夫ですね。こういうのは、我々の時代の教科書では、考えられなかった。佐藤さんの時は、どうでした？

佐藤　いや、記憶にないです。

池上　同じ教科書には、日本の国勢調査についての、こんなコラムもあります。

１９２０年10月１日、日本ではじめて国勢調査がおこなわれました。この集計のためにつくった機械が、１９２３年の関東大震災で焼け、集計はかなりおくれました。

●世帯員数別世帯数（1920年）

世帯員数	A	B
1	631	641860
2	1348	1392026
3	1762	1690534
4	1691	1698893
5	1572	1620484
6	1409	1397347
7	1041	1059924
8	708	702613
9	436	418650
10	271	240002
11以上	265	259787

吉田洋一・西平重喜著　世論調査（岩波新書）

そのため、調査票から１０００分の１の調査票を抽出して概数を算出したものが、おおいに役立ったといわれています。

（略）表は、そのときの調査で、世帯員数を調べたもので、A欄が１０００分の１の標本についての数、B欄が後に発表されたすべての集計によるものです。すべてについて調べたものと、わずか１０００分の１の標本について調べたものとが、これほどよくあっているのはすごいと思いませんか。

これが、標本調査を人口調査に利用した世界最初の例といわれています。

また、現在でも国勢調査に標本調査が使われています。国勢調査は全数調査であり、すべての集計には時間がかかります。その結果の早期利用をはかるため、主要な項目については、１００分の１の標本を抽出した結果を、速報値として発表しているのです。

〈啓林館３　206ページ〉

池上　要するに、全部を調べなくても、標本調査をやることで、ある集団の傾向を知ることができる場合がある。数学ってこんなふうに役立つんですよ、と知らずしらずのうちに勉強の動機付けをされているんですね。

私のまわりにも、何のためにこんなことを勉強しなくてはいけないんだ、と数学嫌いになった人間が少なくありません。昔この教科書があったなら、「救われた」人がたくさんいたのではないでしょうか。正直、自分が中学の時にも、こういう教わり方をしたかった。

付け加えておけば、今の文章からは、標本調査の意味と同時に、日本の国勢調査がちょうど一〇〇年前に始まったんだ、という知識も身につきます。関東大震災がその頃のことだったということも。

佐藤　一方で、データの抽出を正しくやらないと、選挙予測を外すような間違いを犯すことになってしまう。結果的に、この大統領選挙では、ルーズベルトは六割強の得票を得る圧勝でした。

池上　そういうことですね。それに、もちろん調査には、「全数調査」をしなくてはならないものもあります。同じ教科書には、その例として「学校で行う歯科検診」、「航空機に乗る前の手荷物検査」が挙げられています。

ちなみに、さきほど話に出た厚労省の「毎月勤労統計調査」も、全数調査が義務付けられたものでした。

佐藤　それを勝手に抽出調査に切り替えた時点でアウトなのですが、きちんとした補正作業を行えば、統計自体は「間違い」にはならなかったはずなのです。例えば五分の一のデータを抽出して集計したのなら、それに五を掛ければ、数字自体は全体の実測値に近いものになるわけですから。しかし、そういう補正を怠ったために、十数年間にわたって、賃金が実際よりも低く算出されていた。

池上　しかも、問題を指摘された厚労省は、その起点である二〇〇四年まで遡ることをせず、なぜか一八年以降のデータのみを修正したため、見かけ上はその年から急速に賃金が上昇しました。結果的に、時の政権にとって、まことに都合のいい「統計」が出来上がったわけです。

ともあれ、中学三年生が習う標本調査の意味を理解していれば、こんなデタラメなことはしないでしょう。いや、待てよ……中学一年の教科書の「資料の活用」の章に、すでに「度数分布」の話が出ていますね〈啓林館「未来へひろがる　数学1」202ページ〉。とすると、彼らは中一レベルの「学力」も欠いていたのでしょうか。

佐藤　皮肉でも揶揄でもなく、半ば真面目にそう考えざるを得ないのです。ちゃんと意味を理解していたら、国家の基幹統計をそんなふうにぞんざいに処理することなど、恐ろしくてできないはずだから。

「民族」も「差別」も語っている

池上　私は、テレビ番組の取材などでしばしば海外に出かけますが、そういう際にも感じるのが、地理の重要性なんですよ。あの歴史的な出来事も、こういう場所だから起こったんだなあ、と。世界各地の気候風土とか民族とかの基礎的な知識があると、世界のいろんなニュースを重ね合わせることで、それらをより正確に、立体的に理解することができるように思います。いわゆる地政学的な視点が持てる。

佐藤　今の地理の教科書を読むと、おっしゃるような地政学の要素がほんの少しですが、入ってきているのは、確かだと思います。これも、我々の頃の地理といえば、政治や歴史などと完全に切り離された「地誌」でした。分かりやすく言うと、世界や日本各地の「観光ガイドブック」のような。

池上　なるほど、そうでした。

佐藤　それに比べると、例えば世界の宗教がわりと詳しめに説明されていたりします。

池上　東京書籍の「新版　新しい社会　地理」では、「イスラム教と人々の暮らし」に一ページが割かれています〈41ページ〉。

佐藤　そういう流れは歓迎すべきことですが、全体としてみるとまだ地誌の域を出ていない、というのが個人的な感想です。それについては、地理の章でお話しすることにしましょう。現代人の教養として、地理がとても重要だという問題意識は、池上さんと変わりません。

池上　世界を理解するための基礎知識である、と言っていいと思います。

社会で気づいたのは、歴史でも公民でも、アイヌ民族についてたっぷり説明されていることです。我々の頃は、少ししかなかった。

佐藤　例えば、二〇二〇年一月十三日に麻生太郎財務大臣が講演で行った「二〇〇〇年の長きに渡って、一つの国で、一つの場所で、一つの言葉で、一つの民族、一つの天皇という王朝が続いているのはここしかない」という発言を耳にした中学生は、いったい教科書とどちらが正しいんだ、と思うことでしょう。

池上　歴史の教科書には、武力を背景に琉球王国を併合した一八七九年の「琉球処分」まで、きちんと載っている。丁寧に読んでいくと、とても勉強になります。

公民では、被差別部落や在日外国人などに対する差別問題にも、紙数を割いています。国際協力に関する記述も、非常に多い感じがしますね。

佐藤　率直に言って、現在の政権の立ち位置からすると、教科書に書かれている中身は、「リベラル」に映ります。歴史修正主義的な人たちも、いろんなかたちで教科書作りに関与していると思うのだけれど、今回読んだ範囲においては、社会の教科書に「日本国民は権利を主張するばかりで、義務を忘れている」といった論調は出てきません。

池上　確かに、おっしゃる通りですね。

佐藤　裏を返せば、教科書の内容がリベラルというよりは標準で、今の政治のほうがやや「右」に傾いているのかもしれません。

池上　「やや右」どころではないと思いますが（笑）。そういう、リトマス試験紙的な「読み方」も面白いですね。

佐藤　我々の中学時代と、一見して内容の変わったのが、英語です。

池上　僕らの世代の中一の教科書にあった〝This is a pen.〟は、どこにも見当たらない（笑）。代わりに、ビートルズの〝Hello, Goodbye〟の歌詞が載っています〈東京書籍「NEW HORIZON 1」21ページ〉。とにかく、話せるように、話せるように。コミュニケーション重視というより、そこに特化していますよね。「日本の中学英語では、話せるようにならない」と思い込んでいる人は、一度手にしてみるべきでしょう。まあ、中学校教育としては、しゃべれるだけでいいのか、という疑問があるのですが。

佐藤　中三までマスターすれば、一般の外国人と問題なく話せるレベルにはなれます。英語でのコミュニケーションに不安のある大人が勉強し直すうえでは、ちょうどいい「教材」と言えるのではないでしょうか。

一方、中学一年の国語の教科書には、ジョン・レノンの「イマジン」が登場します〈学校図書「中学校　国語1」266〜269ページ〉。ジョン・レノンの原詞と、「千の風になって」で有名な作詞作曲家、新井満さんが、それをベースに書いた「自由訳」が載っている。

池上　ああ、ありましたね。本当に、「隔世の感」なのです。（笑）

佐藤　ただ、以前に比べ小説などの文学作品が少なくなって、論理的な素材が増えた印象です。論理的な日本語を理解できないと、論理的な英語もしゃべれません。そういう、グローバル時代を踏まえた対応なのかもしれません。

「緩く」なった教科書検定

池上　教科書の「つくり」がどうなっているのかについても、簡単に解説しておきましょう。当然のことながら、教科書には、執筆者が思うところを自由に書けるわけではありません。小、中、高校などの教科書は、文部科学省がその時々に告示する学習指導要領に即した内容でなくてはなりません。同省による教科書検定、正確には教科用図書検定を受け、合格するのも条件です。

佐藤　教科書検定といえば、一九六五年から三次の訴訟、合わせて三〇年ほど争われた「家永教科書裁判」がありました。

池上　「新日本史」（三省堂）という高校教科書を執筆した家永三郎東京教育大学（現筑波大学）名誉教授が、それを検定不合格とした国を相手取って起こした裁判でした。「太平洋戦争に関する記述が暗すぎる」といったことが不合格の理由だったのですが、「教科書検定は、検閲を禁じた憲法に違反する」という家永氏の主張は認められませんでした。

佐藤　一方で、検定内容については、「行き過ぎ」もあったとして、一部について家永氏の主張も認めました。当初の「新日本史」は、修正のうえ条件付き合格となり、またそのまま「検定不合格日本史」として、一般向けに発売されたりもしました。

池上　その時代には、教科書検定は、もっぱら「左」から叩かれていたわけです。ところが、一九八〇年代に入り、中曽根康弘内閣の下に臨時教育審議会が設置される時代になると、今度は新自由主義的な志向を持つ勢力から、「教科書の中身を検定で縛るのはおかしい」という声が上がります。当時の文部省からすると、味方のはずの勢力によって背中から鉄砲を撃たれるはめになったんですね。そういう経緯もあって、教科書検定自体なくなりはしないけれども、以前に比べると、ずいぶん自由度が増しました。

私は一度、教科書検定について文科省の職員が出版社に結果を申し渡す、という場に立ち合ったことがあるのですが、本当に「この部分はいかがなものでしょう」のような、曖昧な言い方をするんですよ。かつてなら、一つひとつの記述に対して、「ああしなさい、こうしなさい」と口を挟んでいたと思うのですが。

佐藤　それでも、学習指導要領が、がっちりできていますから。

池上　そう。中身をガチガチに固めていますから、大きな「逸脱」はないわけです。あれを基に書くというのは、作業としてはある意味、楽だと思います。結果、どの出版社の教科書も、似通ったものにならざるを得ない。

佐藤　テレビのワイドショーで、「二〇秒時間をやるから、何でも自由にしゃべっていい」と言われるのと、同じようなものでしょう。（笑）

池上　限られた時間枠の中で、番組の流れを意識したら、「自由に」と言われても冒険などできませんよ。（笑）

ただ、各社が似てくるのには、実は「営業」のファクターもあります。どれだけの学校に採択されるかは、出版社の命運を握っていますから、常にライバルの動向に目を光らせているんですね。他社の教科書のこの部分が教育現場で受けがいいとなると、営業からその情報がすぐに編集に伝わって、

「改善」される。

例えば、ある出版社の公民の教科書は、かつてはまず「経済」で、後半が「政治」でした。でも、他社が全部逆だったので、転校して教科書が変わったりすると、困ってしまう。そういう現場の声に合わせて入れ替えた結果、採択率が上がりました。そもそも中学の教科書がこんなに大判でフルカラーになったのも、おそらくどこかが先鞭をつけて、好評だからと他社が「右へ倣え」をしたのではないでしょうか。

佐藤 厳しい競争の結果、似通ってくる。

池上 そういうことです。これも「雑学」として付け加えておくと、義務教育の教科書を採択する権限を持つのは、市町村や都道府県の教育委員会です。昔は現場の先生が選定に関与していたのですが、文科省の「指導」もあって、最近は関与の度合いが減りました。代わって選んでいるのが、首長が議会の同意を得て任命する教育委員の面々。「地方教育行政の組織及び運営に関する法律」というのに、「人格が高潔で、教育、学術及び文化に関し識見を有するもの」と資格が定められているわけですが、はっきり言って、学校教育の現場に詳しい人たちではありません。採択率を上げたければ、そういう人に受ける教科書を作る必要がある、という構造になっているんですよ。

「知のスタンダード」を獲得するために

佐藤 実は多くの人は、言われなくても「自分は教養が足りないのかもしれない」「必要な知識をもっと身につけたい」という思いを持っているのではないでしょうか。私がちょっと気になるのは、それにつけこんで、というと言葉は悪いのですが、「脅迫の教養」と言えるような亜種が生まれて、おかしな発展形を遂げていることです。

池上　「脅迫の教養」とは、佐藤さんらしいネーミングですが、どのようなことを指しているのですか？

佐藤　要するに、「グローバル時代に恥ずかしくない教養を身に付けよう」ではなくて、「教養がないあなたは、このままでは中間層から脱落します」というメッセージが、いろいろなメディアを通じて発信されているのです。落としどころは、「そうならないために、わが社の提供するこの教材で学びましょう」というお話。そういうビジネスが、ここにきて幅を利かせているように感じて、仕方がありません。

最近、タクシーに乗ると、目の前のタブレット端末からいろんな情報が流れるでしょう。ああいうところで、その手のことを得々と語られたりすると、気分が悪くなります。

池上　なるほど、分かります。ことさら「時代はここまで進んでいるんですよ」と言われたら、真面目な人ほど焦燥感に近いものを覚えるかもしれません。

佐藤　彼らの言うとおりにして、「ＡＩ時代に相応しい教養や能力」が身に付くのならいいのですが、私は本能的に「胡散臭さ」を感じてしまうのです。

教養系の亜種といえば、かつては、「みんなの知らないことをやって、ビッグになろう」という、分かりやすいものでした。ところが、今はそうではなくて、「下層への転落」という恐怖を植え付けて、集客しようとしている。こういうビジネスをしている人たちに悪意があるとは思わないのだけど、それが健全なものだとは、私にはどうしても思えません。

池上 別に焦る必要はなくて、教養を身に付けたいと感じたら、一度通ってきた義務教育にその答えがある、というのがこの本のメッセージになるでしょうか。

佐藤 そういうことだと思います。例えば、東大入試の突破を目指したＡＩロボット「東ロボくん」プロジェクトを率いた数学者の新井紀子さんは、「ＡＩの弱点は読解力だ」と述べています。そうであるならば、「論理を強化した」中学の国語の教科書を読み直すことが、すなわち「人間の強み」を磨くことにもなるはずです。

池上 教養には、幅広さも重要です。「厳しい時代を生き抜くノウハウ」を教えてもらうのもいいのだけれど、何気なく利用していた自動改札の秘密を知れば、「脅迫」されるまでもなく、科学や世の中に対する興味が広がるのではないでしょうか。そうやって蓄積したものが、結局は生きる力になるのだ、と私も思います。

佐藤 実は、「教養」という言葉の定義は曖昧です。マニュアルもありません。ただし、どの国に行っても一定水準の「知のスタンダード」があって、それがすなわち義務教育で学ぶ中身なのです。それをマスターしておけば、社会で生きていける組み立てになっている。

池上 「中学の勉強は、高校受験のためにあった」という印象を持っている人は、もう一度その原点に立ち返ってみるのがいいですね。

佐藤　社会人としての必要条件は、それで十分に備わるのです。ところが、なかなかマスターすることができていない、という現実があります。そういう自分の姿を再認識するためにも、中学の教科書をあらためて丁寧に読んでみてほしい。「知のチェック」を行いながら、スタンダードを身に付けていくのに、これ以上の教材はありません。

池上　加えて、今の大人世代が学んだ中身と今の教科書では、書かれていることが劇的に違います。現代に必要なスタンダードを学び直すことで、「知的再武装」になるでしょう。

佐藤　今回、社会（地理、歴史、公民）、理科、国語、数学、英語そして道徳の八つの教科について、それぞれ複数の出版社の教科書を「教材」にしました。これから教科ごとに紹介していきたいと思うのですが、もちろん本書は「解説書」「副読本」ではありません。

池上　我々の役回りは、中学教科書を学ぶためのガイド、ナビゲーターといったところでしょうか。全編に触れる余裕はとてもありませんが、さきほどの電磁誘導や統計のように、できるだけ生の記述を紹介したいですね。

佐藤　繰り返しになりますが、今の中学の教科書が社会人として必要な教養を自分のものにするうえで、最適のツールであることは間違いありません。しかし、だからといって現在の教科書や中学教育に全く問題を感じないかといえば、それも違います。そうした議論も、適宜織り交ぜていきたいと思います。

池上　いいでしょう。型にはまらず、フリートークで。こうした試みは、もちろん私自身も初めてのことで、佐藤さんとのやり取りがどういうものになるのか、私自身とても楽しみです。

※編集注　本書で取り上げる教科書は、都内にある大手教科書供給会社において、各教科で人気がある二社の教科書を取り上げました。道徳については、八社を取り上げています。

第1章

地理

地理が読み解ければ〝世界〟が見える

二人が読んだのは——
◉帝国書院「社会科　中学生の地理　世界の姿と日本の国土」［2015年3月31日検定済］
◉東京書籍「新編　新しい社会　地理」［同］

増えた「第三世界」の記述

佐藤　では、地理の教科書から見ていきましょう。

池上　まず世界を概観してから、日本について学ぶ。この構成は我々の時代と変わりませんね。

佐藤　大きく変わったと思うのは、昔の地理は、資本主義体制、社会主義体制、そして第三世界という体制間の違いを強く意識していたのですが、そういう「体制区分」が、きれいになくなりました。東西冷戦が終結して世界のあり様が変わったわけだから、当然といえば当然なのですが。

池上　社会主義の国がなくなったわけではないのだけれど、やはりソ連の崩壊は大きかったわけですね。

佐藤　ソ連のコルホーズ（集団農場）、ソフホーズ（国営農場）なんていうのを覚えさせられたのが、「冷戦世代」には懐かしい。

そうした中で、かつて「第三世界」と位置付けられていた国々、すなわち「欧米型の資本主義国でも社会主義国でもないアジア、アフリカ、ラテンアメリカなどの発展途上国」についての記述のウエートが、明らかに高まりました。特にアフリカについてです。

池上　はい、はるかに増えています。増えただけでなく、今バリバリのビジネスパーソンが中学生時代に学んだものとは、語られることの重点が大きく変わっているのです。

以前のアフリカは、まさに第三世界で、長くヨーロッパ諸国の植民地にされたこともあり、ひたすら貧しくて、援助を待つ国々——という語り口だったと思います。産業については、言及があっても農業で、カカオのプランテーションとか。

佐藤 コーヒー、綿花、天然ゴム。南アフリカのダイヤモンドはあったかな。

池上 そういう説明ももちろんされているのですが、今の教科書には、次のようなことも書かれている。

アフリカは銅、金、ダイヤモンドなどの鉱産資源が豊富で、ヨーロッパ人やアメリカ人によって開発され、重要な輸出品になりました。さらに、20世紀半ば以降は、希少金属(レアメタル)や石油が注目されています。コバルトなどはアフリカ南部を中心に産出され、携帯電話などの電子機器に多く使われています。石油は、ナイジェリアや北アフリカ諸国などで多く産出されます。豊かな資源の輸出を背景に、アフリカ諸国は21世紀に入って高い経済成長を達成しています。

〈東京書籍 77ページ〉

「アフリカは資源が豊富なようだ」という程度の認識は、たぶんみんな持っているでしょう。しかし、何がどのへんで採れて何に使われるのか、というあたりは、例によって曖昧模糊としている。(笑)

でも、このわずか原稿用紙半分くらいの文章を読み、すぐ上に載っている地図を参照すれば、それらをざっくり頭に入れることができるわけです。石油や天然ガスは赤道より北で、鉱物資源は南部が多い。おっ、マダガスカル島でもクロムが採れるのか、と。

佐藤　今おっしゃった、「ざっくり」というところが、大事なのです。俯瞰して全体像を捉えていてこそ、生きた教養になる。仮に、ある分野に対するより深い知識が必要になったり、興味を持ったりしたならば、「高校の教科書」に発展させればいいわけですから。ベースが曖昧では、発展させようがありません。

池上　南アフリカのアパルトヘイトの歴史も、知識としてはあると思いますが、廃止されたのは一九九四年のことなんですね。そんなに昔ではないのです。

南アフリカ共和国は、アフリカ大陸の一番南に位置し、気候が温暖で、経済的に豊かな国です。しかし長期間、アパルトヘイト（人種隔離政策）によって、少数の白人が多数の黒人を支配してきた歴史があります。人種が異なる人との結婚は禁じられ、住む場所も人種によって決められていました。1994年に全人種が参加する選挙が行われ、黒人のネルソン・マンデラ氏が大統領となると、ようやくアパルトヘイトは廃止されました。異なる人種どうしの和解や協調、経済格差の見直しを進めていますが、現在でも、黒人と白人の貧富の差は残っています。

〈帝国書院　69ページ〉

文章の横には、アパルトヘイト時代の「観客席が黒人、白人に分かれていたスタジアム」と、現在の「両者が入り混じって南アフリカの国旗を振って応援する姿」の写真があります。

佐藤　「ヘイト」は他人ごとではありません。そういう意味でも、きちんと知っておきたい歴史です。

池上　「フェアトレード」と言われて、「それ何だっけ？」という人は、少なくないのではないでしょうか。帝国書院の教科書には、こんなコラムも載っています。

アフリカなど工業化の進んでいない国々の中には、貿易をしている相手国から、より安い価格の農作物や製品を求められることがあります。しかし、それでは製品を売る国の利益が少なくなり、人々の暮らしは良くなりません。そこで、より適正な価格で取り引きを行うことで人々の生活と自立を支える、フェアトレードが世界で広がっています。アフリカ各国では農産物だけでなく、アクセサリーなどもフェアトレード商品としてつくられています。

〈帝国書院　71ページ〉

佐藤　きちんと「アフリカの課題」も語っています。

アフリカでは、南アフリカ共和国を除いた多くの国々で工業の発達が後れています。それらの国々では、少ない種類の商品作物や鉱産資源を輸出して経済が成り立っています。このように、限られた作物や資源の生産と輸出によって成り立つ経済を、モノカルチャー経済といいます。その輸

出品のほとんどは、欧米諸国や中国、日本などに送られます。しかし、天候や景気によって価格が大きく変動するため、輸出品の種類が少ないと毎年安定した収入を得ることができません。

〈東京書籍　77ページ〉

「モノカルチャー経済」という用語を学び、日本もそれに依拠する国々の命運を握る存在の一角であることを、あらためて理解する。そして、「地域の統合と自立への交流」〈東京書籍〉では、こう述べています。

（略）先進工業国は、アフリカに対して食料援助やさまざまな開発援助を行っています。近年、多くの中国の企業がアフリカに進出しており、中国とアフリカ諸国との経済的な結び付きが強まっています。

日本もアフリカの自立への援助を行っています。政府は、学校や病院の建設、道路や水道、電気などの整備、稲作技術の向上などに対して資金や技術の援助を行っています。また、日本の非政府組織（NGO）がアフリカの民間団体に技術指導を行い、学んだ団体が現地の人々に技術指導を行う、という取り組みも見られます。

〈東京書籍　79ページ〉

池上　日本の援助もさることながら、中国の「アフリカ進出」がしっかり出てきますね。そういうことも含めて、現在のアフリカについて短時間で学ぶことができますよ。

佐藤　アフリカの地形や気候や産業、それに歴史、文化、社会といったものをコンパクトに理解しようと思ったら、へたな書物や新聞などよりも、今の地理の教科書が断然いいです。

池上　「第三世界」という切り口で見ると、南米の記述も我々の頃から比べ、格段に詳しくなっていますね。やはり、現代の問題に切り込んでもいます。例えば、「ブラジルにみる環境問題」〈帝国書院〉には、こうあります。

ブラジルのアマゾン川流域は、長い間手つかずの自然が残る土地でした。しかし19世紀になると、中流域のマナオスを中心にゴムの大農園がつくられました。さらに20世紀後半には、経済を発展させる目的で大規模な開発が始まりました。（略）

ひとたび熱帯林を伐採すると、その土地をもとにもどすのは大変難しくなります。また、熱帯林の伐採によって、二酸化炭素の吸収量が少なくなり、地球温暖化が進むと考えられています。さらに、貴重な動植物が絶滅したり、自然環境に適応した先住民の生活がおびやかされたりすることも心配されます。そこで、アマゾン川流域の熱帯林を将来にわたり保存するため、さまざまな取り組みが行われています。

こうしたアマゾン流域の開発のアウトラインが頭に入っていれば、二〇一九年にそこで発生した「災害」の異常さが、よく理解できるわけです。

佐藤　九州以上の面積の熱帯雨林を焼き尽くしたと言われる、流域の火災ですね。一〇万件を超える火災の頻発は、人災です。

池上　一九年一月に行われたブラジルの大統領選挙で、経済優先を掲げるジャイル・ボルソナロ氏が当選しました。「国土の半分以上を保護区域にしているなんて、耐えられない。経済の妨げになる」というのが、彼の主張です。アマゾンの流域では、牧場や農地を広げるために、以前から野焼きが行われていました。大統領は、それを「奨励」したわけです。

佐藤　この教科書が検定に合格したのは、一五年三月です。その時点では、アマゾン流域は、「開発が規制され

●アマゾンの森林伐採面積の推移（INPE資料）

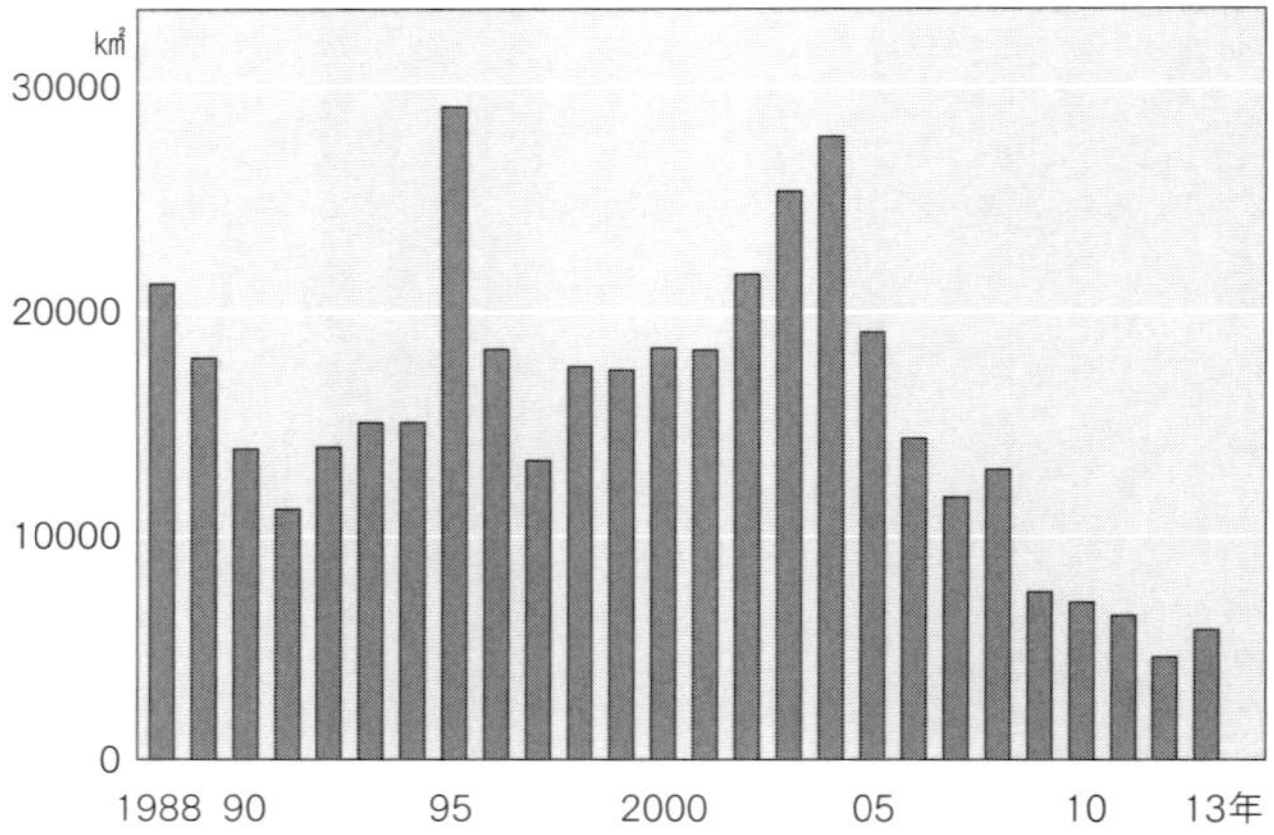

〈帝国書院　96〜97ページ〉

るようになりました」という状況だった。実際、同じ教科書に載っているアマゾンの森林伐採面積のグラフ〈97ページ〉を見ると、二〇〇五年以降、それまで右肩上がりだったのが、大きく減少に転じていたのが分かります。ところが、新大統領がその流れに待ったをかけたんですね。

池上 そうです。中学の教科書は検定から四年間、基本的には同じものが使われますから（緊急に修正が認められることもありますが）、その間に事実が「更新」されることもあります。

佐藤 「社会科」については、その要素を織り込む必要があります。しかし、だからといって、「更新前」のものには読む意味がない、ということにはなりません。おっしゃるように、教科書で大きな流れを把握していれば、こうしたニュースに接した時に、その背景や本質をより深く理解できるはずです。

池上 さらに、ブラジル国民がそういう大統領を選んだのはなぜか、「規制緩和」されたとたんに野焼きが増えた理由はどこにあるのか、ということを併せて考えていくのが、「大人の読み方」ではないでしょうか。

「移民」と「イスラム」と「EU」と

佐藤 先進国のありようも、この教科書が書かれた時点とは、さま変わりしています。

池上 二〇一七年のドナルド・トランプ大統領登場以前ですから。ただ、二つの教科書とも、アメリカのところで「移民」について、実に二ページを割いて説明しています。

佐藤　トランプ登場の背景については、ちゃんと語られている。

池上　こんな具合です。

アメリカ合衆国には、その後もさまざまな民族が移り住みました。南部には広大な綿花畑の労働力として、アフリカから奴隷が連れてこられました。また、日本や中国などのアジア諸国からも、仕事を求める人々が移住してきました。近年では、ヒスパニックと呼ばれるスペイン語を話すメキシコやカリブ海諸国、南アメリカ州からの移民が増えています。ヒスパニックの多くは比較的安い賃金で働いていますが、それでも移住してくるのは、出身国よりも高い収入が得られるからです。

〈帝国書院　79ページ〉

佐藤　東京書籍のほうには、「なかには、不法に国境をこえて入国する人々もいます」〈91ページ〉という文章とともに、「メキシコからの不法入国を監視する国境警備隊」の写真〈83ページ〉も載っています。こうした移民に職を奪われたアメリカの貧しい人たちが、トランプ大統領の「支持母体」の一つになったわけです。

移民については、ヨーロッパのところでも触れられています。例えば、「1960年代以降は、アフリカやトルコなど、ヨーロッパ以外から労働力として移住する人々が増加しています。そうした中で、イスラム教を信仰する人々も増えてきています」〈東京書籍　65ページ〉と。

池上　そう言えば、宗教に関する記述で、イスラム教が頻繁に出てくるのにもちょっと驚いたんですよ。東京書籍の教科書では、丸々一ページを使って解説しています。「コーラン」や「礼拝と断食」などを説明した後、最後に「地域によって異なる決まり」と見出しを立てて、次のように述べています。

イスラム社会で目につくのは、女性のベールです。家族や親族の男性と同性以外には、女性のはだや頭髪はかくしておくべきとされています。しかし、地域によって「コーラン」の解釈が異なるため、目の部分を除いて全てを黒色のベールでかくす地域や、多様な色のベールで頭髪をかくす地域、はだの露出は少ないものの、西洋的な洋服を着ている地域などさまざまです。

また、イスラム教では一般に飲酒は禁止されていますが、その程度も地域によって異なります。外国人もふくめて一切の飲酒が禁じられている地域から、イスラム教徒のみが禁じられている地域、飲酒を行うことができる地域まで、さまざまです。

〈東京書籍　41ページ〉

イスラム教の戒律にも地域によって多様性があるんだよ、と言っているわけです。

佐藤　それも、重要な指摘です。

池上　ヨーロッパに関しては、当然のごとく「統合」に紙数が割かれています。ちなみに、ヨーロッパの統合といえば、私の中学生時代はＥＥＣ（欧州経済共同体）、佐藤さんの時はＥＣ（欧州共同体）だったはず。

佐藤　そうやって段階的に協力関係を強めてきたわけです。

池上　経済的な結び付きの例として、二つの教科書とも、エアバス社による「国境をこえた航空機の生産」を取り上げているのが面白いですね。アメリカのボーイング社に対抗するために設立された会社で、操縦席などの機首や胴体をフランス、主翼をイギリス、胴体と主翼の一部をドイツ、そして尾翼などをスペインがそれぞれ分担して製造し、フランス、ドイツの工場で組み立てている。

佐藤　「エアバスを例に取り上げなさい」というところまで、学習指導要領に書かれているとは思えません。

池上　そうですね。おそらくどこかの出版社のアイデアに、他社が追随したのでしょう。まあ、分かりやすい話ではあると思います。

佐藤　現在のＥＵ（欧州連合）についても、「光と影」の記述があります。

多くのＥＵ加盟国の間では、国境の検問所でのパスポート検査がなく、自由に通過できます。そのため、国境に近い地域では国境をこえた通勤や買い物が盛んです。例えば、賃金の高いルクセンブルクには、フランスから通勤する人が増えています。また、フランスには、ドイツから食料品を求めて多くの人が訪れます。共通通貨であるユーロが導入されて、外国での買い物も簡単になりま

した。

同時に、「ヨーロッパはEUによる統合が進む一方、多くの課題もかかえています」として、次のように述べます。

〈東京書籍　67ページ〉

その一つは経済格差で、一人あたりの国民総所得（GNI）は、EU加盟国の間で、最大で10倍以上の差があります。さらに、ギリシャなどで起こった財政問題で、経済格差の拡大が進むと予測されています。そのためEUは、格差の解消に向けて、所得が低いなどの問題をかかえる国に対して、多くの補助金を支給しています。

一方、政治面では加盟国が増えたため、意見の調整に時間がかかったり、EUの力が強くなることで、各国の考えが反映されにくくなったりすることが心配されています。

〈東京書籍　68ページ〉

池上　EU域内の国々の一人当たりの国民総所得が、最大で一〇倍以上も違うんですね。「知らなかった」という人も多いのではないでしょうか。同じページに載っている地図を見ると、ドイツ、フランス、イギリスをはじめとするヨーロッパの中央部と北欧の国民所得が高く、「外側」に向かうほど低くなって、旧東欧諸国、特に一番東側のルーマニア、ブルガリアが最低ライン——という地理的な色分けが、一目瞭然です。

佐藤　その現状には、それぞれの歴史や政治が投影されているわけですが、そうしたものも含めて、背後には地形とか気候とか、そもそもその国がどこに位置しているのか、といった「地理」が深く関わっているのがわかります。

池上　地政学の要素ですね。

それにしても、これだけの経済格差を内包していたら、ギクシャクするのも仕方ない気がしますよね。加えて、移民問題などで「各国の考えが反映しにくくなった」ことなどを嫌ったイギリスが、二〇二〇年一月、EUを離脱したわけです。帝国書院の教科書には、「イギリスでは2016年の国民投票でEUからの離脱を支持する人が半数をこえました」と、注釈に記

●EU各国の一人あたりの国民総所得

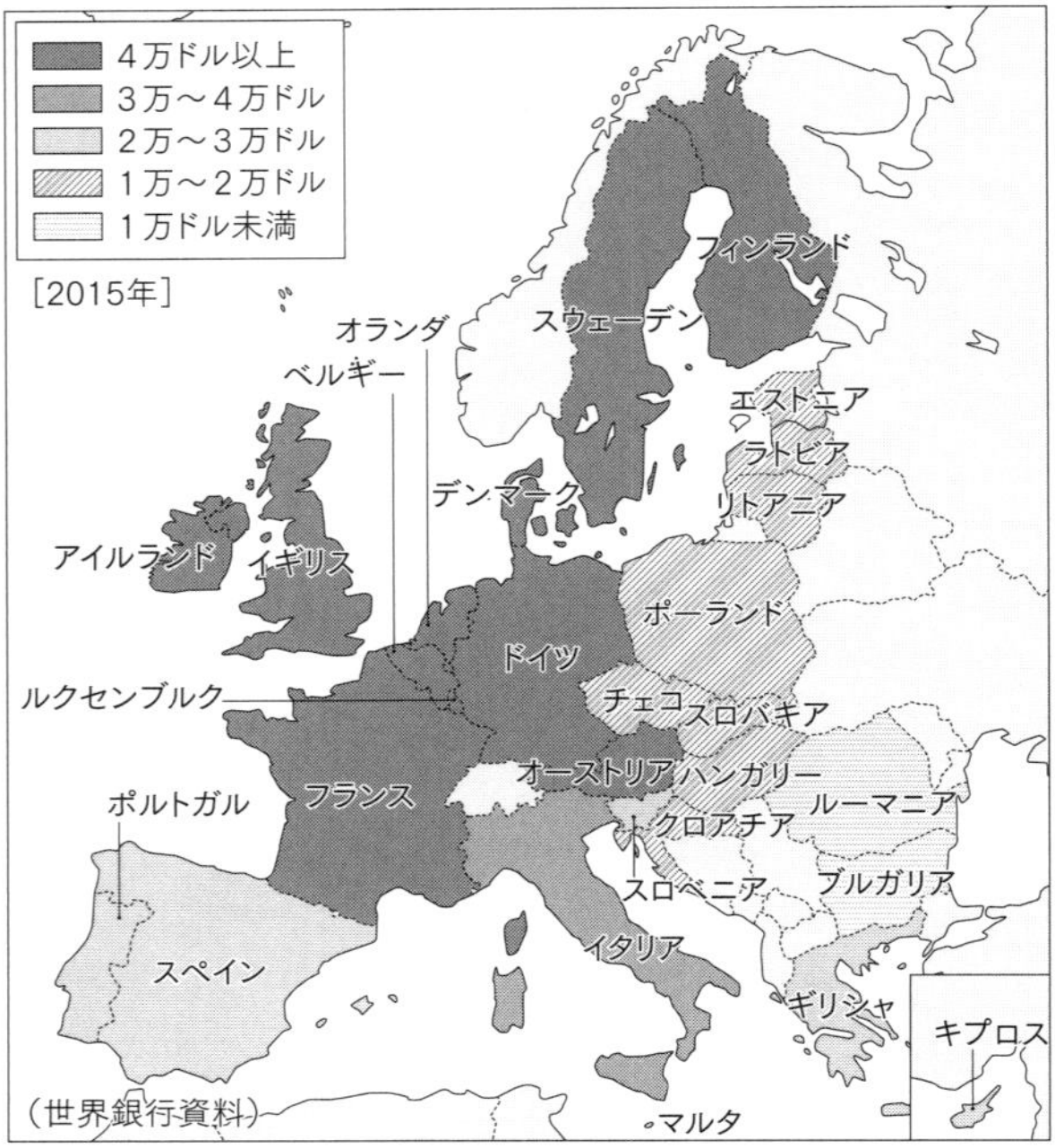

載されています〈57ページ〉。検定後に付け加えられたのでしょう。

韓国といえばキムチ？

佐藤　二つの教科書とも、日本の地理に移る前のところで、「世界のさまざまな地域の調査」という章が設けられています。

池上　世界の国々について勉強してきたことをベースに、今度はテーマを自主的に決めて調査を行い結果を報告しよう、というのですね。こういうのも、昔の教科書にはなかった。

佐藤　例えばこんなふうにテーマを決めて調べていこう、ということでこの章を通じて例に挙げられているのが、両方の教科書とも韓国です。東京書籍の方には、「韓国と日本との間には、どのような交流が見られるだろうか」というのが、テーマの一つの例として提示されています。ただ、二〇一九年の「ホワイト国」や「ＧＳＯＭＩＡ」（軍事情報包括保護協定）問題に象徴される、戦後最悪と言われる日韓関係悪化局面においては、学校の先生も話の持っていき方にちょっと苦労するかもしれません。個人的には、次に出版される教科書でも、韓国がこういう扱いをされるのか、興味があります。

池上　確かに、東アジアの情勢も、この教科書が執筆された当時とは違ってきています。

佐藤　その調査のメイン素材が、これまた両方とも「キムチ」なんですね。まさか、学習指導要領に「韓国のキムチを取り上げるべし」と書かれているわけではないと思うのだけれど。（笑）

池上　それはないでしょう（笑）。調査対象として隣国韓国を選んだ。韓国といえばキムチ――ということなのでしょう。

佐藤　東京書籍のほうは、「韓国の学校の給食には、毎日キムチが出るんだね。家の食事でも毎回のように食べるらしいけれど、いつごろから、どうして食べるようになったのかな」〈117ページ〉というテーマ設定に従って、およそ七ページにわたってキムチのことが説明されています。

池上　本当だ。いろんな種類のキムチのカラー写真を眺めていると、食欲も大いにそそられます。(笑)

佐藤　食文化は大事だし、キムチにも敬意を払うのだけれど、ここまでやると「お腹いっぱい」の感じもあります。逆に、中学生に「韓国人は辛いキムチばかり食べている」という固定観念を植え付けないかと、心配になったりもする。

池上　韓国でも、特に若い人の間では、日本同様に食の多様化が進んでいますから。

佐藤　特定の食と特定の民族を結び付けて語るというのは、少し慎重に行う必要があるでしょう。日本人と糠漬けをくっつけるのと同じことなので。

池上　各家庭で独自の糠床があって、微妙に味が違います。ちなみに、「糟糠の妻」という言葉が、そうした文化から生まれました。(笑)

佐藤　そうかと思うと、本編のアジア州のところでの韓国の扱いは、意外にそっけないのです。

韓国では、稲作を中心に農業の近代化が進められるとともに、原料や燃料を輸入し、加工した製

品を輸出する、輸出中心の工業化が図られてきました。1960年代には、せんい製品やはき物などの軽工業製品の輸出に力が入れられましたが、1970年代になると、鉄鋼、石油化学、造船、自動車などの重化学工業が、南東部の沿岸地域で発達しました。

〈東京書籍　48ページ〉

これは東京書籍の記述ですが、帝国書院では、スルーされています。両方とも、中国については二ページ使って述べているのですが。

池上　いろいろと関係が問題になる隣国だけに、もう少し丁寧に語る必要があるかもしれません。

アジアのところで「これは」と思ったのが、東京書籍の「東南アジアの発展と課題」〈52ページ〉のページに載っている写真です。水田のようなものが幾重にも連なっているのですが、実はインドネシアの海岸近くに造られた広大な海老の養殖場なんですね。写真の傍らには、「なぜ、こんなに大きなえびの養殖場を造ったのかな」という問いかけがあります。答えは、同じページの本文の中にありました。

また、タイやインドネシアなどのマングローブが広がる海岸では、日本に輸出するためにえびの養殖場が造られ、フィリピンではバナナ農園が開かれてきました。

〈東京書籍　52ページ〉

つまり、海老好きの日本人の需要を満たすために、マングローブの林が養殖池に転換されてきた、というわけです。正確に言えば、東南アジアから海老を輸入しているのは日本だけではありませんが、今でも第一位の輸入国であることは間違いありません。

ところで、この一文で参照の矢印が付いている288ページには、次のような「マングローブ」の用語解説があります。

熱帯や亜熱帯の入り江や河口などで、満潮時に海水におおわれる場所に育つさまざまな常緑広葉樹のことを指す。マングローブの周囲には多くの魚類などが生息するとともに、津波や高潮などの災害から海岸を守る働きもある。

〈東京書籍　288ページ〉

佐藤　日本人の胃袋を満たすことが、貴重な自然環境の破壊にもつながっている。

池上　そういう冷厳な事実を、しっかり考えさせる作りになっているわけですね。もちろん、これは大人こそが考えなくてはならない問題でもあります。

まだ地政学が足りない

佐藤　序章で、地理の教科書に地政学が入ってきているという議論をしました。

池上　はい。

佐藤　「地政学」というと、ともすれば抽象的な話になりがちなのですが、ごく単純化して言えば、その名の通り、地理は政治や歴史などに影響を与えるのだ、ということです。

池上　その政治や歴史の要素を地理の教科書、学習に盛り込む必要がある。その点で、現在の教科書はまだ不十分で、地誌の域を出ていない、というのが佐藤さんの意見でした。

佐藤　これは想像なのですが、おそらく戦前の地理の教科書は、地政学の要素が濃かったのではないでしょうか。

池上　欧米と対峙していかなくてはならない、という視点もあったから。

佐藤　そうです。それが、我々の頃にはまったくの「観光ガイドブック」になったのには、大きく二つの理由があると思うのです。

一つは、地政学というのは、ナチスの公認イデオロギーでもありましたから、戦後封印された。これは世界的な傾向だったようにも感じます。

もう一つは、東西のイデオロギー対立です。これも分かりやすく言うと、どんなに高い山があっても、イデオロギーの壁はそれを凌駕する、と認識されていたわけです。つまり、地理は地理、政治は政治にならざるを得ない。

池上　実態はどうであれ、地理と政治は結びつかない、と考えられたわけですね。

お話しのような背景と関係するのかどうかは分かりませんが、地理学はアカデミズムにおいては歴史学と違って、実は理系に分類されることが多いのです。文系の地理を教えている大学は、少ないのです。日本の地理学者には、地政学の発想が乏しい。そうなると、義務教育にも地政学の要素は入りにくくなりますよね。

佐藤 しかし、現実には、東西の壁がなくなった結果、再び地政学の重要性が浮かび上がってきているわけです。

池上 地政学的な視点を欠いていては、世界の出来事を有機的に結びつけるのは困難です。

佐藤 例えば、さきほど韓国の話をしました。朝鮮戦争の結果、一九五三年に北朝鮮との間の北緯三十八度に軍事境界線が引かれた韓国は、地図上は半島に位置していても、地政学的には「島国」なのです。

池上 なるほど。北側が閉ざされていて、行き来できないわけだから。

佐藤 そういうことです。その状況では、すぐ近くにある同じ島国の日本との関係を、決定的に壊すようなことはしにくいでしょう。

ところが、トランプ大統領の登場によって、韓国を取り巻く情勢が大きく変わろうとしています。大統領と北朝鮮の金正恩朝鮮労働党委員長との急接近により、朝鮮半島をめぐる「米朝合意」の現実味が増しました。もし、それが実現して三十八度線が撤廃されれば、どうなるか?

池上 北朝鮮との物心両面での交流が、一気に始まるでしょうね。もともと同じ民族ですから。

佐藤　韓国は、朝鮮戦争以前の「半島国家」に戻ることになります。今朝鮮半島で起こりつつあるのは、そういう地政学的な変動にほかなりません。

折しも韓国のトップにいるのは、もともと反日意識の強い文在寅大統領です。文大統領は、そうした大変動を先取りするかたちで、北朝鮮との関係強化を打ち出し、さらには「北の奥」にある中国にも接近しています。ＧＳＯＭＩＡ問題などで見せた日本に対する想定外の強硬姿勢も、同じ文脈で捉えるべきでしょう。「我々は半島国家になるのだから、もう日本は怖くない」ということです。

池上　朝鮮半島の地政学的変動によって、日本は、今度は「単独の島国」として、中国大陸や朝鮮半島と向き合わざるを得なくなるかもしれない、ということですね。確かに、キムチの文化だけを学んでも、そういう大きな動きは見えてきません（笑）。ただし、これも繰り返しになりますが、以前に比べると、地政学的な要素が取り入れられるようになったのも、確かだと思うんですよ。

佐藤　それは言えますね。バリバリの地政学が敬遠されるのは、どうしても軍事的なものと関連してくるから、という側面があります。私も、地政学を学んで軍事大国を目指せ、と言いたいのではありません。グローバル時代には、地図を眺めるだけではなくて、それの持つ政治的、歴史的な意味を考える習慣を付けることが、今まで以上に求められるのではないかと思うのです。そういう要素は、義務教育の段階から、もう少し取り入れられてもいいのではないでしょうか。

「領土」をしっかり語っている

池上 「日本編」は、まず第1章で、日本の地理的な概要を述べ、第2章で世界から見た日本の地理的な特色を述べた後、九州地方から順番に北上して各地域について説明する、という構成になっています。これは、二社とも同じ。

佐藤 帝国書院の「日本編」の第1章の冒頭に、面白い地図が載っています。「ユーラシア大陸にある近くの国から日本をみてみると…?」というキャプション付きなのですが、東アジア付近の地図を、普通目にする北が真上の状態から左にぐるっと回転させて、いつもは右手の太平洋側が上に、日本海側が下に来るように置く。すると、その下方に、日本海を挟んで韓国、北朝鮮、中国、ロシアが並びます〈121ページ〉。これを眺めると、あたかも海上の日本列島が〝への字型〟の蓋よろしく彼らに覆いかぶさって、太平洋に出るのをブロックしているように見えますよね。(笑)

池上 邪魔だな、これは(笑)。日本にいると大陸方面から

●ユーラシア大陸にある近くの国から日本をみてみると…?

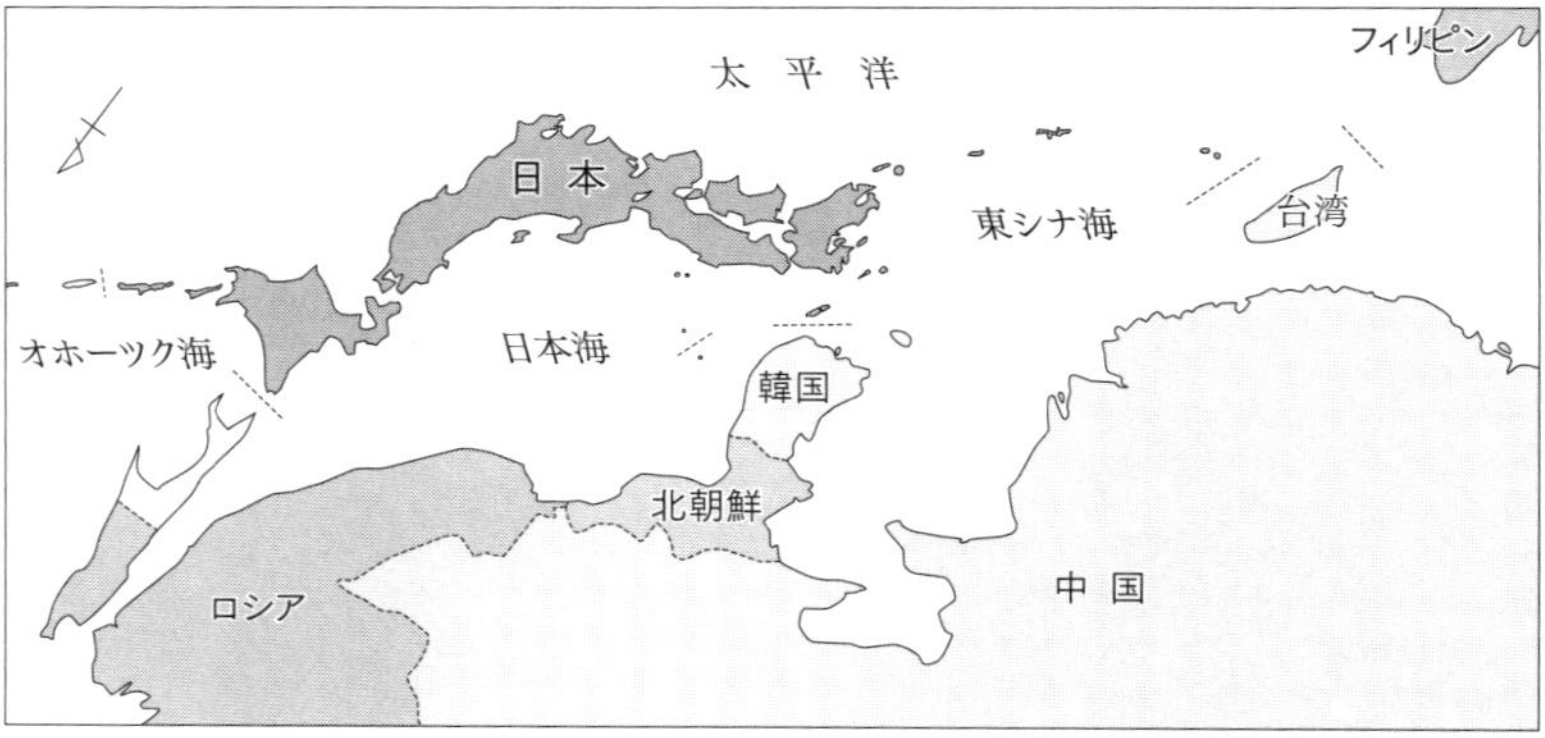

の圧力を感じるのだけれど、中国や韓国からすると、確かにこんな感覚なのかもしれません。これも地政学的な見方と言えなくもない。

佐藤　本文には、こうあります。

日本の位置を大陸との位置関係でとらえてみると、日本はユーラシア大陸の東にあります。また、アメリカ合衆国からみると、日本は広大な太平洋をはさんで海のむこうにある島国といえるでしょう。

さらに、韓国や中国からみてみると、日本は日本海をはさんで東にある隣国といえます。一方、ロシアの東部からみると、日本はオホーツク海や日本海をはさんで南に位置する国ともいえます。このように、大陸や海、国との関係からみた位置の表し方は、緯度と経度を使った表し方と違い、どこからみるかで表現が変わります。

〈帝国書院　121ページ〉

池上　いやいや、大事な視点です。第1章でなんと言っても際立つのが、「領土問題」です。これも我々の時代にはほとんどなかった。びっくりするくらい詳しく記述されています。

日本の領域は、外国との交渉や戦争のあとに結ばれる条約などによって時代とともに変化してきました。第二次世界大戦後の１９５１年に結ばれたサンフランシスコ平和条約によって、日本の領土は本州・北海道・九州・四国とその周辺の島々に限定されました。その後、奄美群島が１９５３年に、小笠原諸島などの太平洋の島々が１９６８年に、沖縄の島々が１９７２年に日本に復帰し、現在にいたっています。しかし、日本の領域には、日本固有の領土であるにもかかわらず、その領有をめぐって隣国との間で課題がある地域もあります。

〈帝国書院　126ページ〉

こういう前振りに続いて、ロシアと争う北方領土、韓国と争う竹島、中国が相手の尖閣諸島について、帝国書院は一ページ半、東京書籍の方はおよそ三ページにわたって論じているのです。我々の頃は、北方領土問題がちょろっと出てきたくらいでした。領土問題をしっかり学ばせるべし、という政府の強い意志が明確に出ています。

佐藤　ただ、それも痛し痒しだと思うのです。例えば、尖閣諸島については「領土問題は存在しない」というのが、政府の公式見解です。あれは、中国が勝手に騒いでいるだけなのだ、と。ならば、この問題は、「無視」するのが正しいことになるでしょう。

池上　わざわざ義務教育の教科書に載せたら、「領土問題になっている」と自ら認めたことになってしまう。そこは難しいですよね。とはいえ、中国が何か言ってきた時には、事実関係も含めて説明しなくてはなりませんから。

佐藤　教科書にこれだけ詳しく載せるのならば、教室では、今のような話を先生がきちんと教える必要があると思います。社会人がテキストとして読む場合にも、それを心得て読む。

池上　紛争の背景や歴史を知っておくこと自体は、有益ですから。

佐藤　実は、今の文章にもあった「日本固有の領土」という表現にも、私は賛同しかねるのです。「固有の領土」などという概念は、学問的にも実際の外交においても、存在しないのだから。大学にいくと、この表現は「消え」ます。

池上　ここだけ、やけに「政治」が入り込んでいる。

佐藤　一〇〇〇年近くフランスとドイツが争ったアルザス・ロレーヌ地方は、はたしてどこの「固有の領土」なのか？　そんな議論をしても、わけがわからなくなるだけでしょう。まあ、領土問題については私は交渉当事者だったので、他にもいろいろ突っ込みたいところはあるのだけど、本筋からそれそうなので、このくらいにしておきます。

池上　アルザス・ロレーヌの歴史については、読者への課題にしましょう。（笑）

日本の東と西の地形と文化の違いをおさらいする

佐藤　周辺の領土を説明してから、日本全体の地形や地域区分の話になります。

池上　ここも、日本列島の姿を俯瞰して頭に入れるのに、いいテキストになっています。

環太平洋造山帯に位置する日本列島は、標高の高い山々や火山が連なっており、陸地の約4分の3が山地と丘陵地から成り立っています。本州の中央部には、「日本の屋根」と呼ばれる山がちな地域が広がっています。特に飛驒、木曽、赤石の三つの山脈は、標高3000m前後の山々が連なり、日本アルプスとも呼ばれています。

日本アルプスから、その東側に南北にのびるフォッサマグナまでの地域を境にして、日本列島の地形は東西で大きく異なります。フォッサマグナの東側では、ほぼ南北方向にのびる高く険しい山脈と、関東平野や越後平野をはじめとした、いくつもの平野が広がっています。一方、日本ア

●主な山脈・火山と海溝の分布

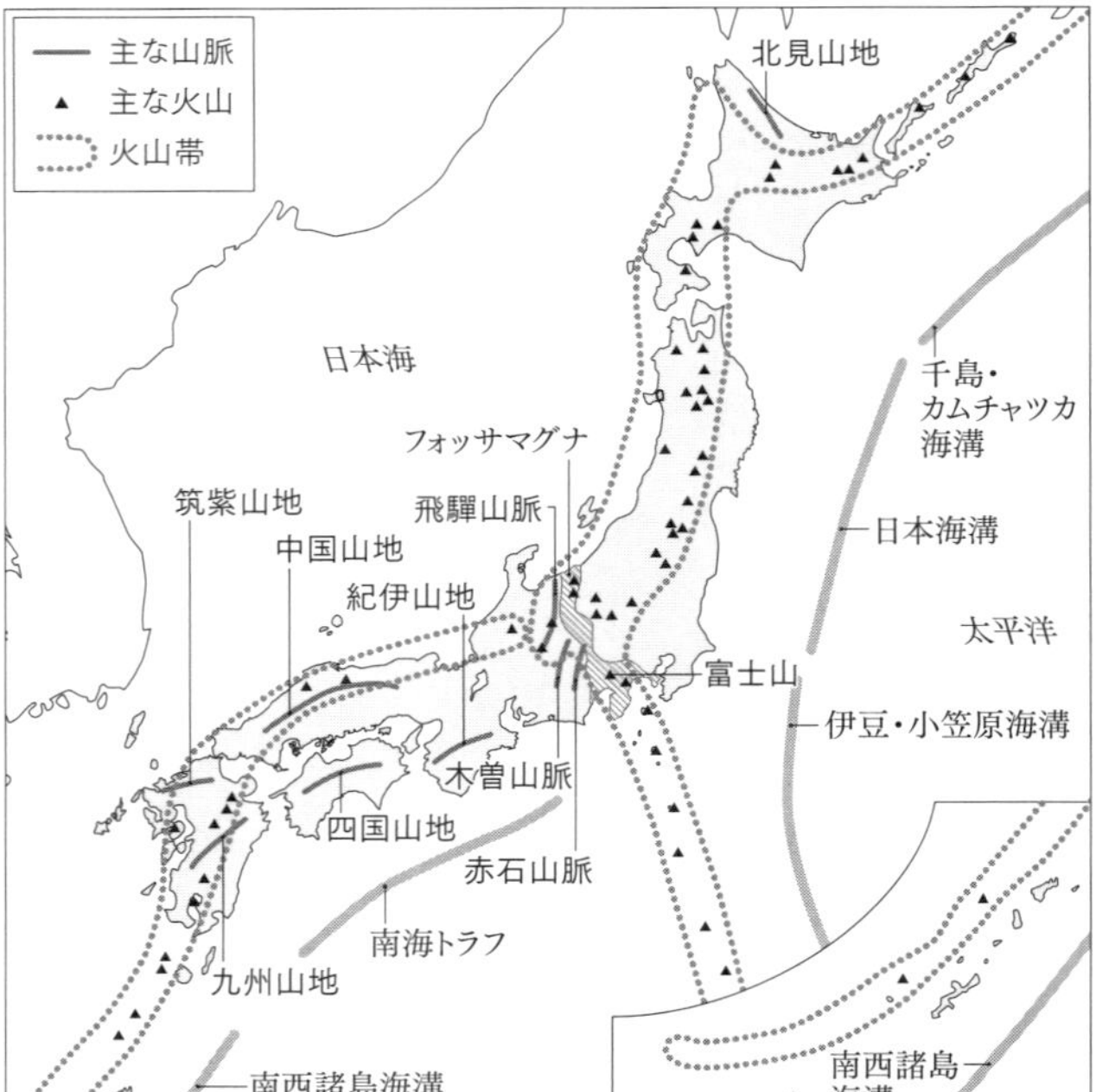

ルプスの西には、紀伊、中国、四国といった山地が、ほぼ東西に連なっています。これらの山地や九州には標高が2000mをこえる高い山はありません。大阪平野や濃尾平野を除くと広い平野は少なく、九州地方には阿蘇山や桜島のように活発に活動する火山が多く見られます。

〈東京書籍　144ページ〉

この記述に続いて、変化に富んだ海岸や、日本の近海の海溝や大陸棚、黒潮、親潮の話などが、コンパクトにまとめられています。

佐藤　今の話に、「生活・文化による地域差」を重ね合わせてみるのも面白いですね。東京書籍の139ページには、雑煮の餅が、東は角餅で、西は丸餅という日本地図が載っています。富山―岐阜―愛知までが東の「角圏」なのだけど、北海道と、東西の境界の石川、三重、それに高知、佐賀は、角と丸の「混在圏」になっています。

池上　同じ食文化の違いを、帝国書院の方は、「N社のカップうどんのスープのだし」で説明していますよ〈131ページ〉。原材料表示が載っていて、こちらは、青森県から新潟―長野―岐阜―三重ラインまでの東日本向けには「かつおパウダー」、西日本向けには「昆布パウダー」の記載がある。最後の「合成保存料、合成着色料は使用しておりません」という但し書きの後ろには、東日本は（E）、西日本には（W）の表示があるのです。これは知らなかったなあ。ちなみに、北海道は「昆布パウダー」です。

佐藤　北前船《きたまえぶね》で、北海道の昆布が西に運ばれた。

池上　江戸時代の交易で広がった文化が、カップ麺の出汁《だし》にまで受け継がれているわけですね。北前船の話は、歴史の教科書に出てきます。

ちなみにN社とは日清食品のことですね。教科書の指摘に触発されてちょっと調べてみたら、日清食品は、「東西食べ比べ」の企画を展開しています。日清食品のウェブサイトを見ると、こう書いています。

「『日清のどん兵衛　東西食べ比べ』は、二〇一一年から実施している大好評の企画です。

うどんやそばには、歴史的に東西で味の嗜好に違いがあります。弊社では『日清のどん兵衛』の発売に先駆けて行ったマーケティング調査によって、岐阜県の関ヶ原付近に味の境界があることを突き止め、全国展開のカップ麺としては初めて地域別に味を分けて発売しました。（中略）通常はそれぞれの地域だけで販売している『日清のどん兵衛』を、この機会にぜひ食べ比べてみてください」

(https://www.nissin.com/jp/news/7888)

佐藤　「日本の諸地域」のところで気付くのは、東京の扱いの大きさです。首都だし、一極集中しているし、ということなのでしょうけれど、人口比にすれば一割。そこに、特に帝国書院の方は、東京大都市圏といった括りで六ページを割いています。

池上　その「人口の集中がもたらした産業」という項目のところに、ページの三分の一くらいを使って掲げられた写真が、すごい〈帝国書院　232ページ〉。暗っぽいステージ上で、たくさんの若い女の子が観客席に向かって手を振っていて、背後の巨大スクリーンにド派手なピンクで浮かび上がっている文字が、『TOKYO GIRLS COLLECTION』。中学の教科書なんですよね、これ？　という感じ（笑）。キャプションには、こうあります。

若い女性向けのこのファッションショーでは、モデルが着ている服を携帯電話を使ってその場で購入でき、ショーの鑑賞と買い物が合わさった形になっています。また、有名歌手のライブも行われ、通信や音楽などさまざまな産業が一体となったイベントになっています。

〈帝国書院　232ページ〉

これを見た「人口九割」の地方に住む女子中学生は、「大きくなったら、絶対東京に出たい」と思うかもしれません。

佐藤　大都市部への人口集中による交通渋滞やラッシュ、ごみ問題、一方で地方の過疎などにも触れてはいるのですが、問題提起の仕方は少し弱い感じもします。そのあたりも、実際の授業では、教師がどういうフォローの仕方をするのかが問われるのだと思います。

地域を九州から北上して北海道まで行くと、アイヌ民族の話が出てきます。

池上　歴史と公民だけでなく、地理にも登場するんですね。

佐藤　地理らしく、地名に引っ掛けています。

北海道には、独自の言語や文化をもつアイヌの人々が古くから住んでいました。アイヌの人々は、あらゆるものにカムイ（神）が宿っていると考え、厳しい自然と共生した暮らしを営んできました。そのため、アイヌ語の地名の多くは、土地の自然環境を表現したものになっていて、北海道では、アイヌ語に起源をもつ地名が今も使われています。例えば札幌は、「かわいた大きな川」を意味するアイヌ語「サッポロペッ」に、発音が似た漢字があてられた地名です。

〈帝国書院　259ページ〉

池上　稚内、網走、知床、小樽、ニセコ、苫小牧、室蘭……。実は、ルーツはみんなアイヌ語でした。

「ハザードマップを使ってみよう」

佐藤　地理といえば、地図です。今のアイヌ語由来の地名を示した北海道の地図もそうなのですが、二社の教科書を見比べても、載っているものは概ね同じですね。

池上　やっぱり学習指導要領で決められているからでしょう。

佐藤　昔は絶対なかったのが、ハザードマップ（防災マップ）です。帝国書院の方は、「ハザードマップを使ってみよう」と見出しを立てて、見開きで、「ハザードマップから情報を読み取ってみよう」、「自分たちの地域で災害発生時の被害と避難の方法を考えよう」と呼び掛けます〈148～149ページ〉。例示されているのは、神奈川県鎌倉市のハザードマップ。「南海トラフ地震」と「県想定南関東地震」の際に、どのくらいの高さの津波がどこまで来るのかを示しています。それにしても、教科書とは思えないくらい実践的、実用的です。

池上　そうですね。両方ともハザードマップを含めて、「自然災害の備え」に四ページ割いています。二〇一一年の東日本大震災以降、拡充されたのでしょう。地震や津波のメカニズムも説明されています。

日本は地震や火山の活動が活発な環太平洋造山帯の中にあります。日本で起こる地震には大きく二つの種類があります。一つはプレートがしずみこむ境目の海溝やトラフの周辺の海底で起こる地震です。海溝型地震といって東日本大震災を引き起こした東北地方太平洋沖地震や、今後起こることが予測されている東海地震などがふくまれます。もう一つはプレート内部の、主に内陸の地下で起こる地震です。内陸型地震といって1995年の阪神・淡路大震災を引き起こした兵庫県南部地震や2004年の新潟県中越地震などがこれに当たります。

〈東京書籍　154ページ〉

佐藤　併せて、太平洋プレートが北アメリカプレートを引きずり込みながら沈み込んだ結果、北アメリカプレートが元に戻ろうと反発して大地震と津波を発生させた、という「三・一一」のメカニズム

が、断面図で示されています。まるで地学の教科書みたいです。

池上　今の中学生は、ここまで学んでいるんですね。

佐藤　逆に、自分たちの時代に比べて目立って記述が減ったと私が感じるのは、公害です。

池上　佐藤さんが中学生だった一九七〇年代前半といえば、患者の補償に向けた「公害裁判」が盛んに戦われていたような時代です。高度経済成長の影とも言える公害を、日本社会はまだ大きく引きずっていたんですね。現代の日本では、企業活動に起因するあからさまな水質汚染とか大気汚染などは、一応姿を消しました。

ただ、二つの教科書とも四大公害病（新潟水俣病、四日市ぜんそく、イタイイタイ病、水俣病）に触れていますし、帝国書院の方には、それらも含めた国の認定した公害病の発生場所と患者数を示した地図も載っています〈180ページ〉。一読すれば、公害をリアルに知らない世代でも、最低限の知識は身につくのではないでしょうか。

佐藤　逆に言えば、最低限これくらいのことは知っておかないとまずい。北京の大気汚染に眉を顰めるけれど、かつての日本はどうだったのか、と。

あとは原子力についての記述が変質している。我々の頃は「日本の未来を拓く原子力発電」というトーンでした。今の三〇代、四〇代くらいの人には、信じられないかもしれないけれど。

池上　資源の乏しいわが国にとっては、必要なエネルギーなのだ、と。

佐藤　原子力については、被爆国としてその危険性を訴えると同時に、平和利用の道は否定しない。

世界で四番目に造船された原子力船「むつ」の扱いなども、当初は肯定的だったと記憶します。まあ、子ども時代に手塚治虫の『鉄腕アトム』を見て育った世代ですから。アトムの兄弟に「コバルトくん」がいても、まったく違和感はなかった。

池上 妹の名前は「ウランちゃん」。以前知り合った女性の新聞記者の名前が、たしか「宇蘭」でした。「父親が鉄腕アトムのファンだったので」と恥ずかしそうに話していました。「未来技術」である原子力に、ある種の憧れを抱いていた時代でした。

佐藤 ともあれ、日本がエネルギー自給率の低い国だ、という現実は変わりません。消費量のほうは、「アトム」の時代とは比べものにならないほど増えています。「水力や風力、太陽光、地熱といった再生可能エネルギーを利用した発電の拡大に期待が高まっています」〈帝国書院 157ページ〉というのは確かだけれど、本当にそれでまかなっていけるのだろうか、というところまで突き詰めていく必要があると思うのです。

池上 帝国書院の同じページには、「おもな国の発電量の内訳」のグラフが載っていて、日本については二〇一〇年と一五年が比較できるようになっています。一〇年に二四・九%あった原子力は一%を割り、六六・七%だった火力の比率が八八・七%まで高まりました。GDP世界三位の経済大国が、発電の九割近くを、地球温暖化の原因である温室効果ガスを排出する火力に頼っている。この現実をどうするのか、ということですね。

佐藤 そういうふうに、「考えながら」読めば、より深い知識が身に付くでしょう。ただ、読み方はそれぞれでいいと思います。何より大事なのは、世界や日本の現在の姿を大づかみで捉えることなので、必ずしも全編を精読する必要はありません。

例えば、世界に関して言えば、話に出たアフリカと中南米については、日常の情報量が少ないので、しっかり読む。あとはざっと流してもいいかもしれません。ただし、一ページ残さず、全部に目を通す。

池上　その読み方なら、休日を一日さけば、十分読み切れるでしょう。気になったところは、あらためて勉強し直すこともできます。

佐藤さんから「地政学が足りない」という話がありましたが、歴史や公民の知識を立体的に重ね合わせてみるのも、面白そうです。今の中学レベルの地理と歴史と公民を頭に入れたら、大変な教養人になれますよ。

佐藤　例えば、外国人と話をすることになったら、ツールとしての英語は必要だとして、彼らが知りたいのは、日本の自然や社会や歴史でしょうから、それに応えられる教養が要る。グローバル時代に最も必要で役立つコンテンツは、「社会科」と言ってもいいでしょう。

第2章

歴史

人類の出現から現代まで、一気に「大河」を下る

二人が読んだのは――
◉帝国書院「社会科　中学生の歴史　日本の歩みと世界の動き」［2015年3月31日検定済］
◉東京書籍「新編　新しい社会　歴史」［同］

「通史」は大事だ

池上　中学の歴史では、世界史と日本史を一冊の教科書で学びます。実は高校も、二〇二二年度に「歴史総合」という必修科目が新設されて、今は別々の世界史と日本史が「一本化」されることになっています。

佐藤　現在は、高校では世界史は必修なのだけれど、日本史は選択科目です。特に理系に進学する高校生は、日本史を取らないケースが少なくない。

池上　たぶんそういう事情も反映しているのでしょうが、中学の歴史教科書は日本史メインです。学習指導要領に、そう明記されているんですよ。

佐藤　圧倒的に日本の記述が多いだけではなく、世界史が日本史に収れんしている感じがします。要するに、日本の歴史はこうです。世界で起こったさまざまなことは、日本にこう影響を与えたわけです――。全体として、そういう枠組になっているのです。

池上　新設される高校の歴史総合でも、「世界史、日本史どちらをメインにするのか」をめぐって学界の論争になっています。

佐藤　そういう歴史観は、一歩間違うとそれこそ自国第一主義的なものを生みかねませんから、注意しておく必要はあると感じます。中学レベルの知識量としても、もう少し世界史が欲しいところではあります。

池上　時間が限られていて、あれもこれもというわけにはいかないというのは分かりますが、私もそう感じます。

佐藤　とはいえ、中学の歴史教科書を読むのは、「通史」を学べるという点で、特に有意義だと思います。実は、大学の授業では、通史をやらないのです。一九九〇年代の半ば以降、ポストモダンの影響が強くなり過ぎて、歴史学の世界で通史が否定される流れが強まりました。その結果、例えば大手出版社から刊行される世界史全集でも、フランス革命は、革命におけるジェンダーとか、革命期のハイチの黒人革命とかの「論文集」になっているものがあって、その指導者であり「恐怖政治」を敷いた肝心要のロベスピエールのことがよく分からない。そんな感じになっているわけです。

池上　学問としては「論文集」も意味があるのかもしれませんが、教養にしたいと思ったら、歴史の流れをつかむのが大事です。それに、「日本史メイン」といっても、この二冊を読む限り、日本の戦争責任を強調する「自虐史観」はけしからん、というような内容ではありません。（笑）

佐藤　日本の歴史を神話から始める、というようなことにはなっていませんね。（笑）

池上　神話を語ってはいます。例えば、東京書籍の教科書では、次のように説明されています。

アマテラスの孫が高千穂に降りた物語のように、王の祖先が太陽であったり、天から降りてきたりという神話は、東北アジア一帯に広がっており、漁が得意な海幸彦と、猟が得意な山幸彦の兄弟の物語は、南太平洋のポリネシアに広がる神話とよく似ています。また、「見るな」と言われたの

に、ふり返って死後の妻イザナミを見たために、二度と会えなくなったイザナギ（アマテラスの親）の話は、ギリシャ神話とよく似ています。このように記紀の神話は、世界の神話と似た部分を数多く持っており、古代の人々の考え方を知ることのできる興味深いものです。

〈東京書籍　58ページ〉

「記紀」とあるのは、「古事記」「日本書紀」のことです。見開き二ページにわたる解説の一部ですが、実に客観的に述べています。

佐藤　コラムで「因幡の素うさぎ」に触れています。細かなことですが、古事記の表記は「白兎」ではなく「素兎」です。

池上　昔よく、絵本に兎が海面に並んだワニの背中をぴょんぴょん飛んでいく絵が載っていたりしましたけど、神話とはいえ、日本海にワニがいるのか（笑）。出雲や因幡の方言でサメのことを「わに」と言うんですね。

佐藤　これほどシンプルで教訓に富んだ話もありません。もう少しで因幡の国に渡れると喜んだ兎が、騙していたことをサメにポロっとしゃべってしまい、最後の一匹に捕らえられて皮を剝がされた。「舞い上がって、余計な種明かしをしないこと」という話の教材として、私は外務省時代によく使いました。

池上　汲むべき教訓は、兎を助けた心優しき大黒様は美しい姫をゲットできました、というのではなく、そっちですか（笑）。確かに、外交ではそうかもしれません。

佐藤　どうしてもしゃべりたかったら、完全に「渡り切って」から、自叙伝にでも残せばいいのです。

古代からあった東アジアの緊張関係

池上　教科書で通史を学ぶのは意味がありますが、もちろんこの場で、時系列にすべてをフォローすることはできません。

佐藤　総花的になっても面白くありませんから、目についたところを〝つまみ食い〟していきましょう。ツッコミも入れながら。（笑）

池上　賛成です。教科書では、人類の出現から世界の古代文明、日本の縄文、弥生時代の説明があって、大和朝廷の時代になります。周辺の政治情勢は、こんな感じでした。

6世紀になると、朝鮮半島では、倭国とつながりがあった加羅諸国がほろび、百済と新羅が勢力を強めたため、倭国は半島での影響力を失いました。

一方、南北に分かれていた中国では、6世紀末、約300年ぶりに隋が国内を統一し、大帝国をつくりました。隋は従わなかった高句麗に軍隊を送るなどしたため、東アジアの周辺国の間で緊張が高まりました。

〈帝国書院　32ページ〉

佐藤　日本書紀では加羅のことを任那と呼んだのですが、我々は任那に倭国の出先機関である「日本府」が置かれていた、と習いました。

池上　任那日本府ですね。大和政権が、朝鮮半島南部にも支配を及ぼしていた、とする説です。その記述については、韓国が「朝鮮側の史料が存在しない」などと反発し、歴史家の間でも論争になりました。そんなこんなで、多くの歴史教科書から消えたのですが、記載する教科書もあった。二〇一五年の検定でも合格した中学教科書があって、韓国の李完九首相が「古代史の歪曲だ」と批判して、ニュースになりました。

佐藤　日韓の鞘当ては、古代の歴史にまでさかのぼる。

池上　その頃、大和王権に現れたのが、額田部王女（推古天皇）の摂政、聖徳太子です。昔と違うのは、東京書籍が「聖徳太子（厩戸皇子）」、帝国書院は「聖徳太子（厩戸王）」と、括弧付きで表記していること。

佐藤　我々にとっては、一万円札で見慣れた肖像画も、わざわざ「聖徳太子と伝えられる肖像画」になっています〈東京書籍　38ページ〉。

池上　要するに、最近の研究で聖徳太子の「業績」に疑問符が付けられた。そもそもそういう人物が存在したのかさえ、怪しい。だから「厩戸皇子」にしよう——ということなのですが、保守系の人たちなどから「教科書から聖徳太子を消すとは、けしからん」という意見が出て、折衷案のようなかたちで、括弧付きになっているわけです。ところが、不思議なことに、高校の教科書になると、これが逆転して「厩戸皇子（聖徳太子）」になる。勉強するほうは、混乱しますよね。

佐藤　過去の歴史も確定したものではなくて、研究によってさまざま書き換えられるという好例です。ただ、この教科書は「聖徳太子存在説」に則って、冠位十二階の制度の導入や十七条憲法の制定などを行ったと述べ、次のように続けます。

このように国内の政治が整うと、太子は隋へ小野妹子らを遣隋使としてつかわしました。そして、隋の進んだ政治のしくみや文化を取り入れるため、正式な国交をめざしました。高句麗と対立していた隋は、倭国との関係を重く考え、政治や仏教を学ぶための留学生や留学僧を受け入れました。

〈帝国書院　33ページ〉

当時の東アジアのパワーバランスをうかがい知ることができます。

池上　それが、七世紀になるとこうなるのです。

7世紀初め、中国では短命の隋にかわり唐が大帝国を築きました。唐の皇帝は律令という法律で国を治め、人々に土地を割りあてて、税や労役を課しました。また、首都の長安（現在の西安）は、国際都市として繁栄しました。唐は広大な領域を支配し、隋と同じく対立した高句麗を攻撃したた

め、東アジア諸国の緊張はさらに高まりました。
海外情勢の変化により、倭国は国家のしくみを整える必要がありましたが、聖徳太子の死後、蘇我氏がいっそう力を強め、権力を独占していました。中大兄皇子（のちの天智天皇）は、中臣鎌足（のちの藤原鎌足）らとはかり、645年、蘇我氏をたおして政治改革に着手しました。このころ初めての元号である「大化」が使われたため、この改革を大化の改新とよびます。しかしその改革の実現には、こののち50年ほどかかりました。

〈帝国書院　34ページ〉

我々の頃は「645年に大化の改新が起こる」と習いましたが、概念としては半世紀に及ぶ政治改革のことを、そう呼ぶわけです。しかも、この「大化の改新」も、高校の教科書からは消えました。代わって、中大兄皇子たちが蘇我入鹿を謀殺し、父親の蝦夷を自殺に追い込んだ「乙巳の変」になっています。

佐藤　その約二〇年後には、朝鮮半島に出兵します。

朝鮮半島では、唐が新羅と結んで、百済をほろぼしました。663年、日本は百済の復興を助けるために大軍を送りましたが、唐と新羅の連合軍に敗れました（白村江の戦い）。唐と新羅は高句麗もほろぼしましたが、やがて新羅は唐の勢力を追い出し、朝鮮半島を統一しました。

中大兄皇子は、西日本の各地に山城を築いて、唐や新羅からの攻撃に備えました。（略）

〈東京書籍　41ページ〉

地理のところで地政学の話をしましたが、日本がこの位置にある以上、このような緊張関係から無縁ではいられないわけです。

池上　国の始まりからの歴史が、それを証明しています。

諸説あり。鎌倉幕府

佐藤　どうしても、自分が習った教科書と変わっているところが目についてしまうのですが、一一九二年と習った鎌倉幕府の成立時期も、いろいろ考えられる中の〝ワン・オブ・ゼム〟になってしまいました。

●7世紀半ばの東アジア　〈東京書籍　41ページ〉

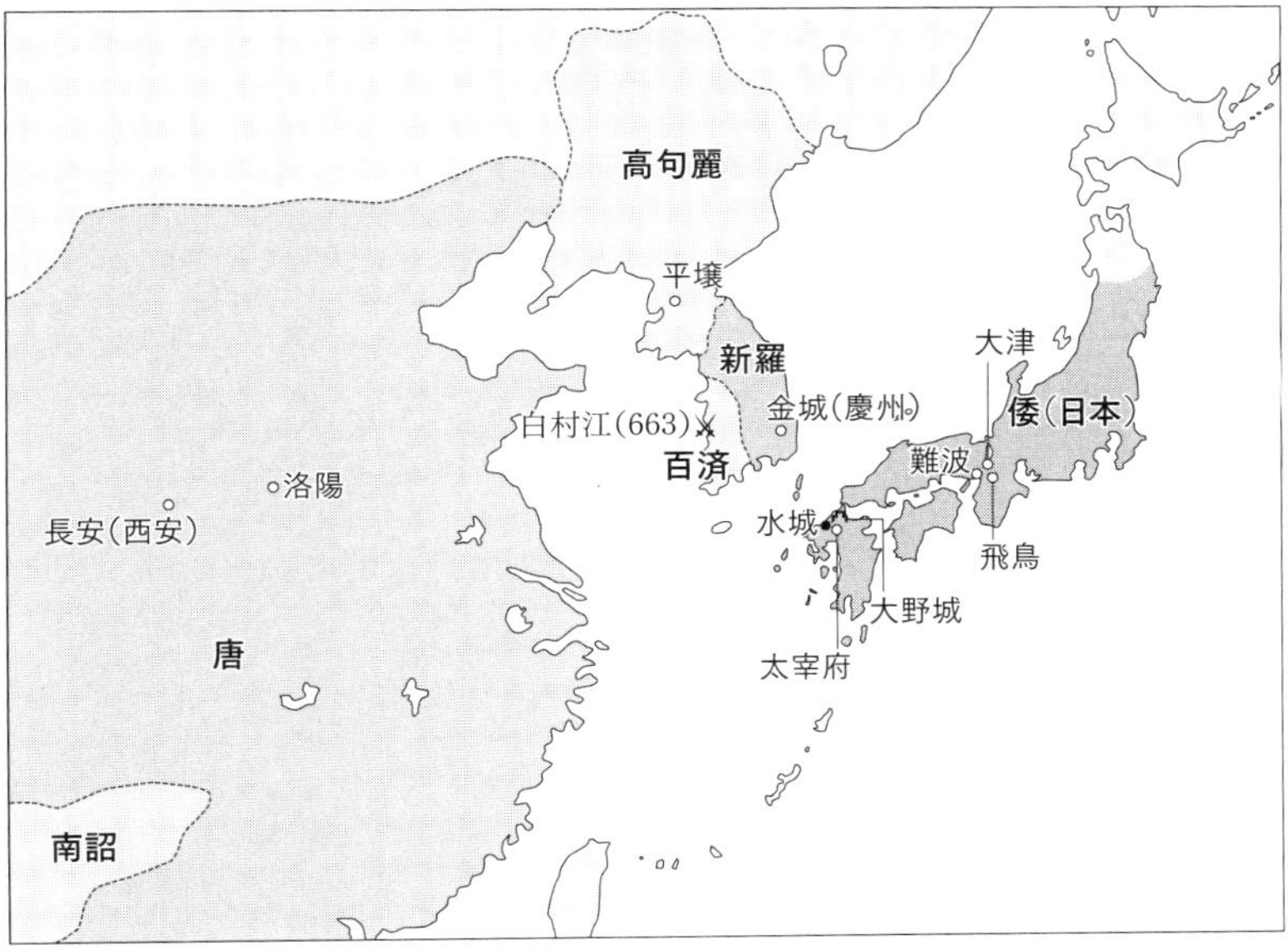

平氏の滅亡後、源義経が源頼朝と対立すると、頼朝は、義経をとらえることを理由に朝廷に強くせまり、１１８５年に、国ごとに守護を、荘園や公領ごとに地頭を置くことを認めさせました。こうして頼朝は、本格的な武士の政権である鎌倉幕府を開きました。これ以後、鎌倉に幕府が置かれた時代を鎌倉時代といいます。

〈東京書籍　70ページ〉

その注釈には、こうあります。

鎌倉幕府の成立時期については諸説があり、１１８５年のほかにも１１８３年に頼朝が東日本の支配権を朝廷に認められた時期や、１１９２年に頼朝が征夷大将軍に任命された時期などを考える説があります。

〈東京書籍　70ページ〉

池上　イイクニ（一一九二）というのも、「死語」になりつつある。

〈帝国書院　61ページ〉

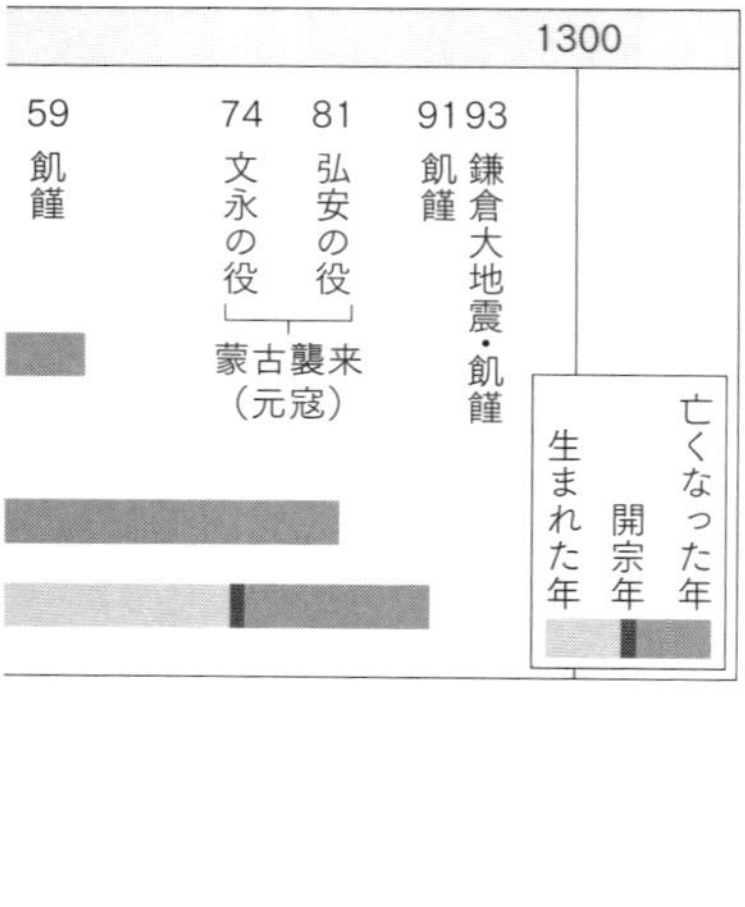

この時代に押さえておいた方がいいのは、「鎌倉仏教」です。現代にも続く宗派が数多く興ったのは、鎌倉時代なんですね。

源平の争乱のころに登場した法然は、平安時代からの浄土信仰を継承し、一心に念仏（南無阿弥陀仏）をとなえれば死後、だれでも極楽に行けるという教え（浄土宗）を説きました。また法然の弟子親鸞は、自分の罪を自覚した悪人こそが救われる対象であると説きました（浄土真宗・一向宗）。

〈帝国書院　60ページ〉

佐藤　栄西や道元が日本に禅宗を伝えたのも同じ頃です。鎌倉時代後半には法華経を重視した日蓮が現れ、法然の弟子に学んだ一遍は、おどり念仏を広めています。

池上　実は、ここにも我々の時代からちょっとだけ変化した部分があって、浄土真宗は、かつては「法然が開いた浄土宗を親鸞が発展させた」という書き方でした。しかし、これに対して浄土真宗の側から浄土真宗より劣っているような表現だという批

●鎌倉時代の新仏教とおもなできごと

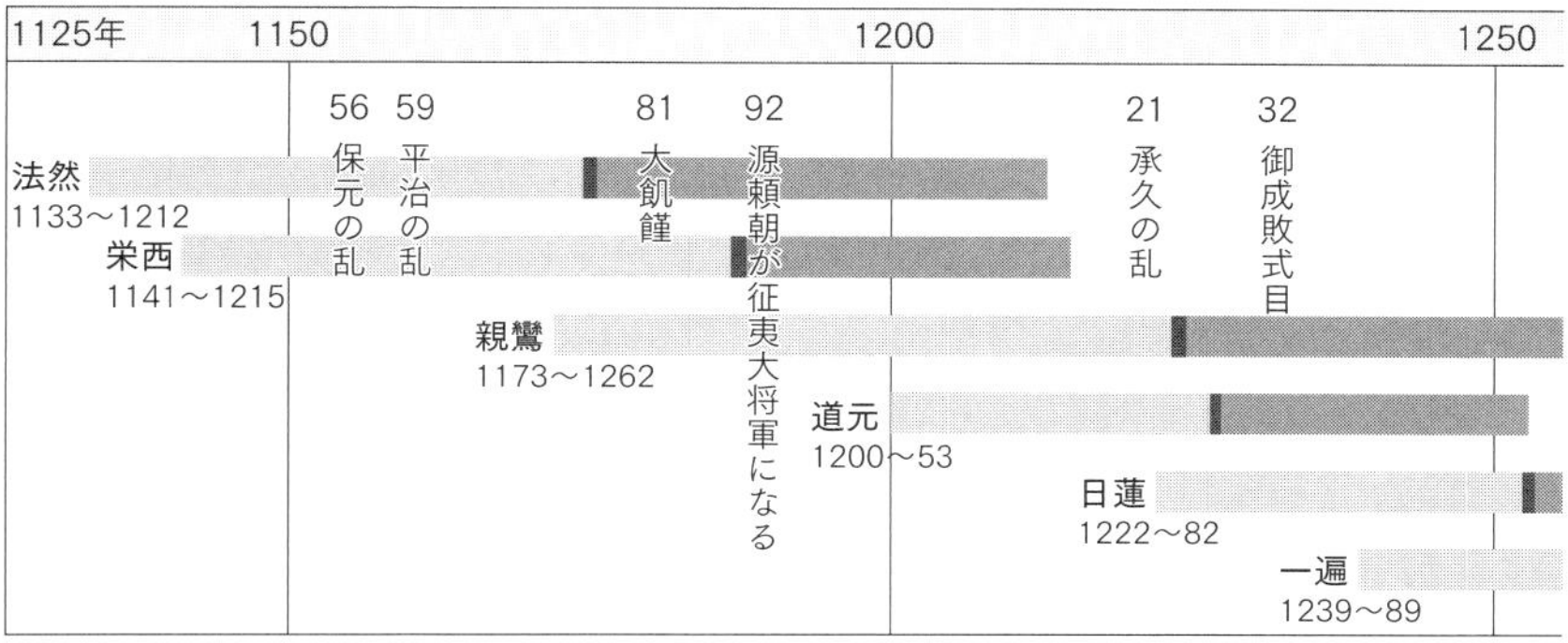

判が出て、今はそれぞれ別に記述されるようになったのです。
この時代にみんなが仏様にすがりたくなったのは、戦乱のほか、干ばつによる飢饉、疫病の流行、地震などの自然災害がけっこう頻発したのも大きな理由です。教科書には、それぞれの宗派の開祖、主な信者、特徴などの一覧表〈東京書籍　75ページ〉とか、主な開祖の生年・没年と社会の出来事を重ね合わせた年表〈帝国書院　61ページ〉といったものも載っていますから、実際に手に取って読めば、仏教のアウトラインがより頭に入りやすいと思います。

「琉球」と「アイヌ民族」がよく分かる

佐藤　その鎌倉幕府を疲弊させ、崩壊の引き金になったのが、「元寇」でした。

池上　中央アジアを征服してモンゴル帝国を築いたチンギス・ハンの孫、フビライ・ハンが高麗を倒し、余勢を駆って北条時宗に服属を要求してきた。これを拒むと、海を渡って、二度に渡り九州北部に攻め入ったわけですね。しかし、日本軍の激しい抵抗に遭い、特に二度目の一二八一年「弘安の役」では、海上にいた大軍が台風の暴風雨にさらされて、壊滅的な打撃を被ってしまう。フビライは〝三度目の正直〟を狙ったのですが、その前に亡くなり、「日本征服」の夢は潰えました。
面白いのは、日本側にとってみれば国の存亡がかかるような戦いを繰り広げているさ中、「このように戦いはありましたが、元と日本との民間の貿易は行われており、禅宗の僧も日本と元との間を行き来しました」〈東京書籍　77ページ〉という事実があったこと。いつの時代も民間交流は重要というか、したたかというか。

佐藤　こういう記述もあります。

蒙古襲来は日本の人々に強い恐怖感を植えつけました。その一方で、暴風雨は日本の神々が国を守るために起こしたものと考え、日本を「神国」とし、元軍の一員として戦いをまじえた高麗（朝鮮）よりも日本のことを高く考える思想が強まっていきました（神国思想）。

〈帝国書院　63ページ〉

こうした思想が、六六〇年くらい後のカミカゼ特攻隊にまで影響を与えました。歴史から教訓を引き出すのは大事だけれども、間違えるとどういうことになるのか、というお手本です。

鎌倉幕府が倒れると、半世紀を超える南北朝の動乱があって、室町幕府が開かれるのだけれど、やがて応仁の乱、そして戦国時代。けっこう「騒がしい」世の中だったせいか、教科書では、室町時代についてそれなりの紙数を割いていますね。

池上　私がびっくりしたのは、ここで「琉球」と「アイヌ文化」の成り立ちについて、かなり詳しく述べていることです。帝国書院のほうは、「琉球とアイヌの人々がつなぐ交易」として、見開きで扱っています〈70〜71ページ〉。

佐藤　東京書籍も、コンパクトだけどきちんと触れていますね。

琉球王国の成立（略）

15世紀初めに、中山の王になった尚氏は、北山、南山の勢力をほろぼして沖縄島を統一し、首里を都とする琉球王国を建てました。琉球は、日本や中国、朝鮮半島、遠く東南アジアにも船を送り、産物をやりとりする中継貿易で栄えました。

アイヌ民族の交易　蝦夷地（北海道）では、アイヌ民族が13世紀から狩りや漁、交易を行っていました。14世紀になると、津軽（青森県）の十三湊を根拠地にした豪族の安藤氏がアイヌの人々との交易を行うようになり、15世紀には、蝦夷地南部に本州の人々（和人）が館を築いて進出しました。

〈東京書籍　81ページ〉

池上　琉球とアイヌ民族については、この後二つの教科書とも、江戸時代と明治の新政府のところでも、セットで出てくるんですよ。簡単にまとめてみましょう。

琉球については、明との貿易で栄えていた琉球王国を、薩摩藩が一六〇九年に支配した。薩摩藩は百姓から年貢米を取り立てるなど、厳しく監督したが、琉球の朝貢貿易は彼らにとってもメリットがあったため、明が清に変わった後も、それを認めていた。

江戸時代の琉球は、このように幕府や薩摩藩の支配を受ける一方、清から国王が任命され、欧米諸国からも独立した王国と認められていた。これに対して新政府は、琉球を日本領に組み入れようと、一八七二（明治五）年に琉球藩を設置。一八七九年には琉球藩を廃止して沖縄県を設置した。

一方のアイヌに関しては、蝦夷地の南西部を領地にした松前藩が、アイヌの人々との交易を始め、その利益を得る権利を幕府から認められた。やがて、交易における品物の交換比率が不利だと感じたアイヌの人々の不満が高まり、一六六九年にシャクシャインを中心に決起したが、幕府の支援を受けた松前藩に敗れた。

一八六九年に蝦夷地は北海道と改称され、新政府はロシアに対する北方の防備を兼ねて、本格的な統治と開拓を進めた。開拓が進むにつれて、アイヌの人々は狩りや漁の場を奪われていった。

ざっと、こんな感じです。

佐藤　帝国書院のほうには、明治新政府の施策によって、それぞれの生活がどのように「変えられた」のか、という解説が載っています。

新政府は、1903年に地租改正を実施し、1912年に沖縄で初めて衆議院議員総選挙を行うなど、日本化を本格的に進めました。また、人々を「日本国民」にするために日本語の教育を行い、生活様式や習慣も日本人風にする政策を進めました。（略）

（略）新政府は、アイヌ古来の風習をやめさせ、日本人風の名前を名のらせ、日本語の教育を行うなど、「日本国民」にするための政策を行いました。（略）アイヌの人々を本土からの移民と雑居させたくないという考えから、条例によって土地を取りあげ、強制移住も行いました。こうして、アイヌの人々が先祖から伝わる生活や民族独自の文化を保つことはしだいに難しくなりました。

〈帝国書院　168～169ページ〉

池上　明治政府の同化政策が、非常に「分かりやすく」説明されています。東京書籍の教科書は、さきほどの沖縄県の設置を括弧付きのゴシック体で「琉球処分」と記していますが、こんないきさつは、やはり我々の時代には教わった記憶がありません。

佐藤　まったくないです。その後に出てくる沖縄、アイヌ民族に関する現代的な問題の記述も含めて読めば、両者が置かれた「通史」を辿ることができるはずです。

「鎖国」はなかった!?

池上　近世に入るところで、いったんルネサンス、宗教改革、大航海時代、オランダの台頭、といった西洋史を語った後、そういう国から鉄砲やキリスト教が伝わりました、というストーリーで、再び日本史に流し込まれていきます。（笑）

佐藤　江戸時代は、我々の時には、逆にもっと「厚かった」ような気がします。基本的に平和な時代は飛ばしていこう、ということなのか。

池上　なぜか記憶に残る徳川綱吉の「生類憐みの令」なんて、載っているのでしょうか？

佐藤　一応ありますね〈帝国書院　117ページ、東京書籍　124ページ〉。ただ、ゴシックにはなっていません。考えてみればたいして重要な史実でもないのに、私たちの時代はしっかりと覚えさせられた。まあ、面白かったことは間違いありません。（笑）

池上　両方の教科書とも、「身分による差別」がはっきり語られています。かつては、半ば「タブー」でしたから、ここまで踏み込んで記述していなかったと思います。

百姓、町人とは別に、えた身分、ひにん身分などの人々がいました。えた身分は、農業を行って年貢を納めたほか、死んだ牛馬の解体や皮革業、雪駄作り、雑業などをして生活しました。また、犯罪者をとらえることや牢番などの役人の下働きも、役目として務めました。ひにん身分も、役人の下働きや芸能、雑業などで生活しました。

これらの身分の人々は、他の身分の人々から厳しく差別され、村の運営や祭りにも参加できませんでした。幕府や藩は、住む場所や職業を制限し、服装などの規制を行いました。これによって、これらの身分の人々に対する差別意識が強まりました。

〈東京書籍　115ページ〉

佐藤　帝国書院のほうは、「第4章　天下泰平の世の中」というタイトルのある反対のページ〈117ページ〉に、「差別された人々」という大きめのコラムを配しています。中学生に時代の表と影を意識させようという意図があったとしたら、秀逸なレイアウトと言わざるを得ません。（笑）
そういえば、「鎖国」の扱いも、昔とは違っています。

幕府が貿易を統制し、日本人の出入国を禁止した政策は、江戸時代後半に「鎖国」とよばれるようになりました。しかし、その言葉が示すように国が完全に鎖《とざ》されたわけではなく、四つの窓口が開かれていました。その四つとは長崎・対馬（長崎県）・薩摩（鹿児島県）・松前（北海道）で、長崎とそれ以外の窓口では幕府の対応が異なりました。幕領の長崎では、幕府が貿易の統制を行い、対馬・薩摩・松前では、それぞれの領地を治める藩が幕府から外交や貿易をすることを認められていました。

〈帝国書院　108ページ〉

かつては、貿易は全面的に禁止されて、唯一長崎の出島だけが海外との接点だった、という説明でした。

池上　今は、そもそもあの時代を「鎖国」とは言えない、というのが学界の主流になっています。

佐藤　東京書籍には「鎖国下の対外政策」という見出しがありますが〈118ページ〉、「きれいは汚い」

みたいな矛盾と言えなくもない。要するに、安全保障上問題のある国との関係だけを断絶した、と捉えるべきなのでしょう。

池上　帝国書院では、地理で話した「東西の出汁の違い」のところで触れた北前船の説明が、「昆布ロードと北前船」というタイトルで、見開きでされています。一部を抜粋してみましょう。

富山の薬売りが北前船で運んだ食材によって、日本各地や中国において、今なお受け継がれる食文化が生まれました。一方、薩摩藩が琉球を経て清から手に入れた貴重な薬種は、昆布の見返りとして富山の薬売りの手にわたりました。製薬業や昆布の食文化など、富山で独自の文化が発達した背景には、廻船問屋や薬売りによって築かれた日本海経由の交通路が、東アジアの交通網の一部となっていたことが関係しているのです。

〈帝国書院　123ページ〉

北前船というのは、国内交通路にとどまらず、東アジアのネットワークに組み込まれていたわけですね。

佐藤　老中田沼意次が、ちょっとした「偉人」のような扱いになっているのも、面白いです。賄賂にまみれた、とんでもない悪人として覚えているのですが。（笑）

18世紀後半に老中となった田沼意次は、年貢だけにたよる従来の政策を転換し、発展してきた商品の流通や生産から得る利益によって財政の立て直しをはかりました。
田沼は、商品の流通を江戸へと集め、商工業者たちの株仲間の営業権を認めて税を納めさせました。また、長崎から銅や俵物とよばれる海産物をさかんに輸出して金・銀の輸入を行い、商業の活性化をうながすことで、収入の拡大に努めました。（略）

〈帝国書院　128ページ〉

この後、賄賂の横行への批判が高まったことなどから、失脚します。

池上　跡を継いだのが松平定信で、祖父である徳川吉宗の政治を理想として、一転して質素・倹約を旨とする「寛政の改革」を断行するわけですね。幕府の財政の立て直しや、飢饉対策などに成果も上げるのですが、政治批判を禁じたり、出版を統制したりしたことは、人々の反感も買いました。東京書籍の松平についての注釈には、こうあります。

徳川吉宗の孫で白河（福島県）藩主。改革の厳しい統制で、「白河の清きに魚の住みかねて、もとのにごりの田沼こひしき」という狂歌もよまれました。

〈東京書籍　128ページ〉

佐藤　水清ければ、魚住まず。今の日本は、魚は増えたんだけど外来魚ばかり、という感じでしょうか。また、水があまりににごっていても魚が生きていけなくなる。

池上　二〇一九年末には、「にごり」の中で飽食が過ぎた大物を捕獲し損ねて、レバノンに逃がしてしまいましたね。(笑)

東京書籍の教科書では、一ページ使って「江戸のエコ社会」を論じています。これも我々の時にはなかった視点です。

都市近郊の農村では、都市の住民に向けた野菜などの商品作物の生産が盛んでしたが、これらの作物を作るためには大量の肥料が必要でした。(略) いちばん使われたのは、都市の住民が出すし尿でした。し尿は、近郊の農民によって競って買われたので、お金を生む商品として大切にされ、ごみにはなりませんでした。パリやロンドンなど、ヨーロッパの都市では下水道が発達しますが、これはし尿を道路に捨てる人が多く、悪臭がして不衛生でもあったからです。日本では農民が定期的にし尿を回収していったので、下水道を造る必要がありませんでした。幕末に日本に来た外国人は、みな日本の清潔さにおどろいています。

〈東京書籍　138ページ〉

このほかにも、着物や鍋釜などのリサイクルの話などが載っています。

佐藤　素晴らしい知恵と行動だったとは思うのですが、人糞肥料は寄生虫の温床でもあるわけです。私が子どもの頃には、まだ学校でギョウ虫検査をやってました。

池上　戦後も長い間、この肥料は使われ続けていたんですね。

あなたは「韓国併合」を知っていますか？

佐藤　江戸時代のページが少なくなったと言いましたが、逆に大幅に増えているのが、近・現代です。

池上　特に現代史ですね。この部分は増えたというより、我々の頃はほとんど概要に触るだけのスカスカ状態でしたから。やはり、東西冷戦状態が頑としてあり、国内のイデオロギー対立も熾烈を極めていたという時代状況が反映していたのでしょう。どうしても現実の政治が絡む現代史は、教科書には書きにくいし、現場の先生も教えにくかった。

佐藤　当然、高校や大学の入試にも出ない。だから勉強しない。

池上　ところが、それでは許されない状況が生まれました。グローバル時代になって海外の人たちと交流するようになると、近・現代史をきちんと学んでいる彼らに対して、自分たちはあまりにも何も知らないことに、気付かされたわけです。これではいけない、という反省の結果、教科書の構成は大きく変わりました。

佐藤　流れとしては、歓迎すべきことと言っていいでしょう。そこの歴史を勉強し直すのにも、好都合です。

池上　中身にも、見るべきものがあります。例えば「韓国併合」についての記述。

日露戦争の最中から、韓国は、日本による植民地化の圧力にさらされていました。日本は、1905（明治38）年に韓国の外交権をうばって保護国にし、韓国統監府を置きました。初代の統監には伊藤博文が就任しました。

1907年には韓国の皇帝が退位させられて、軍隊も解散させられました。韓国の国内ではこうした動きに対する抵抗運動が広がり、日本によって解散させられた兵士たちは農民とともに立ち上がりました（義兵運動）。これは日本に鎮圧されましたが、日本の支配に対する抵抗はその後も続けられました。

1910年、日本は韓国を併合しました（韓国併合）。韓国は「朝鮮」と呼ばれるようになり、首都の「漢城」（ソウル）も「京城」と改称されました。また強い権限を持つ朝鮮総督府を設置して、武力で民衆の抵抗をおさえ、植民地支配を推し進めました。学校では朝鮮の文化や歴史を教えることを厳しく制限し、日本史や日本語を教え、日本人に同化させる教育を行いました。植民地支配は1945（昭和20）年の日本の敗戦まで続きました。

〈東京書籍　180ページ〉

私たちが中学生の時代には、授業では詳しく習わなかった歴史です。

佐藤　一九一九年三月一日に、知識人や学生が「独立宣言」を行ったのをきっかけに、朝鮮各地に広がった「三・一独立運動」も、両方の教科書にちゃんと載っています。

池上　二〇一九年に「ホワイト国」や「ＧＳＯＭＩＡ」問題などで日韓関係が悪化した際に、韓国は一九六五年に締結した「日韓基本条約」にまで手を付ける気ではないか、といった話まで俎上に載せました。でも、そもそも基本条約を結ぶまでの過程について、多くの日本人がよく分かっていないのです。

一方で、韓国の国民は、この問題について「韓国史観」に基づいて、徹底的に叩きこまれているんですね。これでは、お互い議論しようにも、文字通り「お話にならない」わけです。

佐藤　文在寅大統領就任後の日韓関係の急速な悪化は、対外的な約束を反古にした韓国側に責任の大半があります。ただ、表面上理解しがたい言動の背景には、今のような歴史が横たわっているという事実は、日本人として知っておくべきでしょう。

池上　漠然とした「韓国はひどい」「許すな」というような空気が社会に広がるのは、実は怖いことだと思うのです。

佐藤　その通りです。不測の事態を生みやすいですから。

池上　これは佐藤さんの持論ですが、韓国には韓国の内在的な理論があるわけですね。それを認めるかどうかは別に、理解はしておかないと。「相手の理屈はこういう組み立てになっているのか」ということを知ったうえで相対するというのは、外交に限らず大事なことです。

佐藤　そうしないと、建設的な話にはなりにくい。本当の「喧嘩」もできないのです。

池上　地理的にというか、まさに地政学的に、韓国とはこれからも隣国であり続けなくてはなりません。日韓の過去の歴史は、日本人にとって必須の「教養」でしょう。今は、それを極めて効率的におさらいできる中学校教科書という武器があります。

佐藤　誰かの個人的な学説などではなく、「文部科学省検定済教科書」ですから。

「日本は素晴らしい」の記述も増えている

池上　二社の教科書とも、「命のビザ」を発給して六〇〇〇人のユダヤ人の命を救った外交官、杉原千畝が大きめのコラムで取り上げられています〈帝国書院　225ページ、東京書籍　223ページ〉。どちらも、隣にアンネ・フランクが並んでいますが、我々の頃の教科書に載っていたのは、アンネだけでした。杉原千畝は、影も形もなかった。

佐藤　時の松岡洋右外務大臣の意向に反してビザを発給したこともあって、戦後すぐに職を辞した杉原に対して、外務省はずっと冷たい態度を取り続けていましたから。名誉が回復されたのは、外務省を辞めてから四四年後の一九九一年で、それに尽力したのが当時の鈴木宗男外務政務次官です。

池上　もちろん杉原千畝の行動は賞賛に値しますが、メディアの取りあげ方などを見ていると、行動そのものよりも「こんなに素晴らしい日本人がいた」という文脈で紹介されることが多いように感じます。素晴らしいのは杉原千畝その人であって、今の外務省の対応にもみられるように、日本人だからすごいのとは、違うと思うのだけれど。

佐藤　教科書の取りあげ方も、帝国書院は「ドイツ人のユダヤ人迫害に抵抗した日本人」という見出しだし、東京書籍のほうは、「杉原の人道的な行為は、同様に多数のユダヤ人を救ったドイツ人実業家のオスカー・シンドラー（1908～74）と並んで、国際的に高く評価されています」で終わっています。まあ、事実であることは間違いないのですが。天国の杉原千畝も、教科書にこういう書かれ方をして、ちょっと戸惑っているかもしれません。

池上　そういう、「日本礼賛」とまでは言わないけれど、日本人を持ち上げる記述が、けっこう随所に顔を出すんですね。

佐藤　さっきの「江戸の清潔さに外国人が驚いた」というのも、そうかもしれない。

池上　こんなコラムもあります。

明治時代の戦争捕虜のあつかいは、国際法にのっとった、人道的なものでした。日露戦争で、延べ6000人ほどのロシア人捕虜を収容した松山収容所（愛媛県）には将校も多く収容され、捕虜は、市内を散歩したり、温泉に入ったり、遠足に出かけたりしており、松山の人々と広く交流していました。こうした日本の人道的な捕虜のあつかいは広く知られるようになり、「マツヤマ、マツヤマ」と言いながら降伏してきたロシア兵がいたともいわれています。

〈東京書籍　179ページ〉

佐藤 時代を遡ると、日清戦争後に日本が植民地支配を進めた台湾にいた八田與一も、両方の教科書に出てきます。

八田は台湾総督府に勤めた土木技師です。八田は新しい工事の方法や機械を取り入れるなどして、10年の歳月をかけて台湾に烏山頭ダムをつくりました。当時、ほとんど作物をつくることができなかった平原も、烏山頭ダムの完成によって、台湾一の穀倉地帯に生まれ変わりました。

〈帝国書院 179ページ〉

池上 杉原千畝と八田與一は、巻末の「人名索引」にも載っていますね。

佐藤 それにしても、昔の教科書にはなかったこの手の話がたくさん出てくるのは、なぜなのでしょう? もしかすると、日本人が自信を失いかけていることの裏返しなのか。

池上 今は、どのテレビ局でも「日本はすごい」という番組が花盛りですよね。あれと同じ感じが、こういう記述を読んでいると漂ってくるんですよ。もっと日本人としての誇りを持ってもらおう、という政治の意図というと、うがちすぎかもしれませんが。

佐藤 私たちが子どもの頃の話で印象に残っているのは、エジソンが発明した電球のフィラメントに、京都の竹が使われた、というエピソード。

池上 そうそう、正直、子ども心に誇らしく感じたものです。でも、よく考えると「偉かった」のはニッポンの竹で、自分たちではない（笑）。もちろん、生まれ育った国に誇りを持つのは、自然なこと。しかし、常に行き過ぎることのないよう、冷静さは忘れないようにしたいものです。

佐藤 いつかまた、時の権力が国民を煽るようなことが、あるかもしれない。そんな時のために心しておくべき言葉も、教科書には載っています。

大衆の受け入れ能力は極めて限られており、理解力は薄弱であるが、そのかわりに忘れることにかけては実に早い。この事実から、全ての効果的な宣伝においては、焦点をごく一部にしぼり、それをスローガンのように利用し、最低レベルの人間がその言葉で目的としたものを思いうかべることができるまで、決まり文句を使い続けなくてはならない。（部分訳）

〈東京書籍　214ページ〉

アドルフ・ヒトラー「我が闘争」の一文です。彼は、実際にこのやり方で大衆を動かしてしまった。

池上 動かすほうからすると、恐ろしいまでに真理を突いているわけです。大衆のほうは、常に「これはスローガンではないのか」というフィルターにかけて情報を受け取る力を備えないと。

佐藤 そこでも、教養がものをいうわけです。知識があれば、物事の真贋を見分けられるはずですから。

トイレットペーパーの地政学

池上　実は「真贋」を見分けなくてはいけない瞬間は、けっこう頻繁に訪れるんですね。一九七〇年代前半、折しも世界に例を見ない高度経済成長を続けていた日本を、オイルショックが襲いました。パレスチナ問題を背景にした第四次中東戦争が原因で、中東産の石油が大幅に値上がりし、それに大きく依存していた日本経済は大打撃を受けます。

佐藤　私は、当時まさに中学生でした。石油業界が、製品値上げの「千載一遇のチャンス」と檄を飛ばした内部文書が暴露されて、国会で問題になったりしましたね。あれで、「千載一遇」という四文字熟語を覚えた。（笑）

池上　日本経済になくてはならない石油が大変なことになっているということで、社会も混乱し、「流言飛語」も飛んだのです。帝国書院の教科書には、買い物かごを抱えて、われ先にと商品に殺到する人たちの写真が、「石油の値上がりにより、トイレットペーパーなど生活必需品も不足するとの情報が流れました」というキャプションとともに掲載されています〈251ページ〉。

二〇二〇年の日本でまったく同じ光景が繰り返されるとは、夢にも思いませんでした。新型コロナウイルスの拡大で「紙不足」が深刻化するという誤った情報を信じて、スーパーマーケットなどに長蛇の列ができたのです。

佐藤　石油危機の時は、結局トイレットペーパーの生産量自体はぜんぜん減っていませんでした。

池上　そうです。ところが、買い占めのパニックが発生したために、一時的に商品棚から消えてしまった。新型ウイルスの時も、まったく同じパターンです。メーカーなどが「在庫は潤沢にあります」とアナウンスしているにもかかわらず、パニックになってしまいました。ただ、今回は、「中国からの輸入が途絶える」という情報が付け加わったという違いがありました。

ここで思い起こしたいのが、先に話をした地理の教科書の一節です。中部地方の産業を説明するページに、こんなくだりがありました。

静岡県の太平洋沿岸は、浜松市周辺の工場のほか、富士山ろくの豊かな水を利用して発達した富士市の製紙・パルプ工業など、多くの工場が集まっており、東海工業地域とよばれています。

〈帝国書院「社会科　中学生の地理」215ページ〉

誰しも中学、高校時代に、富士の裾野では製紙業が盛んだ、と習った記憶があるはず。トイレットペーパーもティッシュペーパーも、ほぼ国産なのです。

ちなみに、富士市で製紙業が盛んなのは、近くに豊かな森林資源があって、地場産業として発展していたというベースがあること、プラス「豊富な水」です。同様に製紙工場が集積する四国中央市(愛媛県)や北海道の苫小牧市なども、事情は同じ。日本には、製紙に適した場所があるんですね。

ちなみに私の知人は四国中央市でマスクの生産をしています。「工場が中国にあり、せっかく生産したマスクの多くが中国政府によって召し上げられてしまった」とぼやいていました。

佐藤　オイルショックの教訓に、今の地理的な知識が補強されていれば、「中国からの輸入」という話などは、デマだと喝破できるはず。「トイレットペーパーの地政学」です。（笑）

池上　だから、教養は私たちの生活を豊かにするだけでなく、それを守る術でもあるわけです。

第3章

公民

社会の仕組みをインプットして足元を固める

二人が読んだのは——

◉帝国書院「社会科　中学生の公民　より良い社会をめざして」［2015年3月31日検定済］

◉東京書籍「新編　新しい社会　公民」［同］

現代社会を語る四つのキーワード

佐藤　公民は、二社の教科書とも「今自分たちの生きている現代社会とはどういうものか？　課題は何か？」という問題設定から始まっています。キーワードが四つあって、「少子高齢化」「情報化」「グローバル化」、そして「持続可能な社会」。それぞれのテーマが見開きで、コンパクトにまとめられています。

池上　例えば「グローバル化」というと、「国際競争」や「国際分業」といった経済、企業活動を思い浮かべると思うのですが、それに加えて次のような視点からも語っています。

グローバル化が進むことで、私たちの生活は便利になりました。一方で、地球温暖化や新型インフルエンザの世界的な流行のように、各国が協力して取り組むべき国際問題も増えてきました。また、世界では豊かな国々と貧しい国々との格差が広がっています。このような中で、国際社会における日本の役割はますます重要になってきており、国際協力をはじめとするさまざまな取り組みが期待されています。

グローバル化は、私たちの身近な地域にも影響をおよぼしています。日本で暮らす外国人が増え、さまざまな文化を持った人々がともに生活する多文化社会が進展しています。多文化社会では、たがいの文化を尊重し合って、ともに協力して暮らしていくことが求められています。

〈東京書籍　9ページ〉

佐藤　二〇〇九年の新型インフルエンザ（豚インフルエンザ）のパンデミックを反映して、帝国書院のほうにも「新たな感染症が短期間で世界中に広がる危険性も高まっています」と書かれています。まるで、一〇年後の新型コロナウイルスの流行を予言したかのようです。

「持続可能な社会」、「サスティナブル社会」という言葉を耳にするのも珍しくなくなりましたけど、「原稿用紙一枚以内で説明せよ」と言われて、すらすら正答が書けるでしょうか？　中学の教科書には、こうあります。

〈東京書籍　14ページ〉

私たちの生活や社会は、グローバル化、情報化、少子高齢化などの影響を受けて、大きく変化し続けています。そのような中、社会では環境・エネルギーや人権・平和、伝統文化・宗教、防災・安全などに関わるさまざまな課題が生じています。これらの課題を解決するためには、「持続可能な社会」という考えに立つことが大切です。持続可能な社会とは、将来の世代の幸福と現在の世代の幸福とが両立できる社会を意味します。例えば、地球温暖化は、目先の便利さばかりでなく、50年後、100年後の将来の世代のことを考え、自らの生活の在り方を見直さなければ解決できない課題だといえます。

池上　中学生に対して、「将来の世代のことを考えて、自分の生活を見直しましょう」と呼び掛けているのですね。

佐藤　手本になるべき大人が、「持続可能」の意味を理解していなかったら、非常にまずいわけです。ともあれ、中学の教科書だと馬鹿にせずにしっかり読めば、とても勉強になります。

「憲法改正」議論の前に憲法を知る

池上　今の「現代社会とは？」のくだりもそうですが、公民の教科書は、地理、歴史に比べても、我々の頃とは、大きく様変わりしています。

佐藤　いろんな意味で、時代を反映したつくりになっている。新しいものをどんどん取り込んでいる印象です。

池上　とはいえ、前段の「政治」に関して言えば、民主主義と人権の歴史、日本国憲法の三大原則（国民主権、基本的人権の尊重、平和主義）、三権分立という仕組み、地方自治の持つ意味、といった基本的な部分については、教科書をマスターすれば、社会で十分役立つ知識が習得できる中身になっています。というか、我々の頃よりも知識のレベルがかなり上がっていますよ。

佐藤　そう感じます。「経済」や「国際関係」も含めて、一般の社会人が恥ずかしくない教養を身につけるうえで、十分すぎる内容と言っていいでしょう。これを読んで、おさらいすべきです。

池上　例えば、憲法改正を目指す勢力が国会で多数を占めるようになって、そうした議論も一定の盛り上がりをみせています。でも、賛成するにしろ反対するにせよ、憲法そのものを理解していることが前提になるはずです。公民レベルの基礎的な知識は欲しいですよね。

佐藤　憲法改正に引き寄せて言えば、一番焦点になっている第九条、平和主義に関連する教科書の記述は、以前に比べてかなり増えています。

池上　今の憲法改正論議では、結局「自衛隊を九条に明記するかどうか」という話になっていますけど、その自衛隊についても、みんな分かっているようで曖昧なところが多いのではないでしょうか。帝国書院から引用してみます。

自衛隊は、1950（昭和25）年の朝鮮戦争をきっかけに連合国軍総司令部（GHQ）の指示でつくられた警察予備隊を前身として、日本の安全を保つことを任務として発足し、冷戦時代を通して人員や装備を増強してきました。自衛隊が憲法第9条や平和主義に反するのではないかという議論もありますが、政府は、自衛のための必要最小限の実力組織にすぎない自衛隊は戦力にあたらず、戦争放棄といっても自衛権まで放棄したわけではないので憲法違反ではない、としています。

日本の防衛費は、平和主義をとっていることで他国の軍事費に比べ国内総生産（GDP）や予算にしめる割合が低く、そのおかげで戦後に驚異的な経済発展を実現できたという一面があります。しかし、防衛費の総額では世界有数の規模になっています。

東京書籍のほうは、いわゆる「安保法制」の問題にも触れています。

〈帝国書院　41ページ〉

２０１５（平成27）年には、日本と密接な関係にある国が攻撃を受け、日本の存立がおびやかされた場合に、集団的自衛権を行使できるとする法改正が行われました。これに対して、憲法第９条で認められる自衛の範囲をこえているという反対の意見もあります。

〈東京書籍　42ページ〉

同じページには、ちゃんと「集団的自衛権」の注釈も載っているんですよ。

同盟関係にある国が攻撃を受けたときに、自国は攻撃を受けていなくても、その国の防衛活動に参加する権利を集団的自衛権といいます。政府は、憲法上、集団的自衛権は行使できないとしてきましたが、２０１４年に限定的な行使は可能という見解に変更しました。

〈東京書籍　42ページ〉

佐藤　けっこう踏み込んで説明しています。社会人としては、さらに一歩、では「個別的自衛権」とはどういうもので、集団的自衛権との境界線はどう引かれるのか、というところまで考えてみて欲しいと思います。簡単なようで、そこも議論になっているわけですね。

多様な「人権」を語っている

池上　基本的人権に関しても、昔は個人の尊重とか平等権だとかについてのオーソドックスな説明にとどまっていたように思うのだけど、現代的な問題も含めてずいぶん詳しく述べています。特に「差別」という切り口から、具体的に語っているのが印象的です。

佐藤　差別問題については、地理、歴史、公民で、それぞれの観点から、繰り返し論じられています。社会がそれだけこの問題の重大さを認識しているということでしょう。

池上　出てくるのは、部落差別、アイヌ民族に対する差別、在日外国人に対する差別……。

佐藤　在日外国人への差別については、このように記されています。

現在、日本に多くの在日韓国・朝鮮人が住んでいます。（略）在日韓国・朝鮮人に対しては、戦前からあった朝鮮の人々への蔑視が続き、就職や結婚での差別、いじめなどが残っています。

なお、在日韓国・朝鮮人は、日本国籍がないため、日本に永住していても国政への参政権はなく、職種によっては公務員になれません。また、彼らは日本の学校で普通教育を受けられますが、在日韓国・朝鮮人の子弟のための学校については、卒業しても日本の大学への入学資格が認められない

ことがあるなどの制限があります。〈帝国書院　46ページ〉

こういう事実が頭に入っているならば、「在日特権」がウンヌンなどという言動のおかしさが、すぐに分かるはずなのです。

池上　在日韓国・朝鮮人に対する「ヘイトスピーチ」ですね。

佐藤　「日本は素晴らしい」と愛国的な表現をするのと、特定の民族にレッテルを張って、「日本から出ていけ」などの言説を弄するのとは、本質的に違います。

池上　その通りだと思います。今の中学の教科書には、そのほかにも、女性差別に関連する男女雇用機会均等法、男女共同参画社会基本法、ノーマライゼーションの実現に向けた障害者基本法といった話が、続々出てきます。

佐藤　ハンセン病患者への人権侵害も大きく扱っています。受動喫煙や尊厳死まで取り上げられている。

池上　「プライバシーを守る権利」というのもあるのですが、二社の教科書とも、タレントの事件を題材にしたコラムを載せているところが面白い。

1996年、ある出版社が大手芸能事務所所属タレントの、実家や自宅住所、電話番号などを記

載した本を出版しようとしました。これに対し、芸能事務所側はプライバシーの侵害を理由に出版さしとめを求めました。しかし、出版社側は表現の自由を主張し、裁判で争われることになりました。裁判では、本の内容はいわゆる「追っかけ」を助長することで利益をはかろうとするものであり、社会全般の利益にはならないものだとして、出版が禁止されました。

〈帝国書院　53ページ〉

同じページには、「無断で自分の姿を撮影・商業利用されない権利である肖像権も主張されてきています」とあります。いわゆる〝文春砲〟は、かなり危ない橋を渡っているようにも感じますが、なぜか標的になった「犠牲者」が訴えを起こしたという話は、あまり聞かないですね。

佐藤　実際は裁判を起こしていても報道されないことも多いと思うので事実関係はわからないのですが、裁判になると、何度も「事件」が蒸し返されることになりますから。もしかしたら、そういった判断があるのかもしれません。あくまでも、推測ですが。（笑）

池上　ただし、肖像権の問題は、なにも有名人に限った話ではないのです。帝国書院の教科書では、こんな問題提起をしています。

近年、まちで防犯のための監視カメラを目にする機会が増えています。監視カメラは、その画像が犯罪の犯人逮捕につながるなど、私たちの安全確保に一定の役割を果たしています。しかしその

一方で、無数に設置されたカメラは、私たちをつねに監視しているともいえます。

〈帝国書院　52ページ〉

佐藤　国民監視のシステムをあっという間に構築した、中国の例もあります。そういう問題意識は、きちんと持っておく必要があります。

メディアリテラシーも語る

池上　教科書では、メディアリテラシーも正面から取り上げていますね。ちなみに「メディアリテラシー」という用語については、こう解説されています。

「リテラシー」は、英語で「読み書きができる能力」を意味します。そこから、「メディアリテラシー」は、マスメディアの発する情報について的確に判断・活用できる能力という意味で用いられます。

〈帝国書院　63ページ〉

それを論じるための題材として使われているのが、新聞です。

佐藤　リテラシーの前に、新聞というメディア自体が、ネットなどに押されて大苦戦しているけれど。

池上　でも、新聞についてはちゃんと取り上げるように、学習指導要領に明記されているのです。帝国書院の教科書には、こうあります。

新聞を読むことで、公民的分野で学んでいる社会の制度やしくみが、実際の社会でどのように生かされているのかを知ることができます。また、社会で起きている問題について、分析や対策が掲載される場合もあります。学習をさらにもう一歩深めるために、新聞を積極的に活用しましょう。

〈帝国書院　65ページ〉

佐藤　それは、その通りだと思います。逆に、中学の公民の教科書を読んでいたら、新聞に書かれていることが、より深く理解できるという相互作用も期待できる。多くの人がネットニュースしか見ない時代に、じっくり新聞を読むというのは、けっこうアドバンテージにもなるのではないでしょうか。

池上　メディアリテラシーは、そのうえで、というお話になります。両方の教科書とも、複数の新聞の紙面を並べて比較させる、というやり方で考えさせています。帝国書院のほうは、二〇一三年十二月七日付の、国会での「秘密保護法」成立を伝える紙面〈65ページ〉。見出しは、以下のようなものでした。

―**「秘密保護法　成立／自公賛成　み・維は退席」＝読売新聞**

「秘密保護法　成立／深夜の採決、みんな造反」＝産経新聞
「秘密保護法成立　与党強行／『知る権利』危機」＝毎日新聞
「秘密保護法が成立／採決　自公のみ賛成」＝朝日新聞

〈帝国書院　65ページ〉

ちなみに、読売の「み」、産経の「みんな」は、今はなき「みんなの党」、「維」も旧「日本維新の会」です。

佐藤　社説の「読み比べ」もやっています。政府のエネルギー政策に関する二〇一四年四月十二日の紙面を抄録しているのですが〈東京書籍　83ページ〉、そこからさらに抜粋してみます。

【A社の社説】

（略）原発は巨大事故のリスクから免れられない。対策が整わないのに再稼働を急がせることなど許されない。

たしかに化石燃料の輸入増に伴うコストの上昇は軽視できない。ただ、「国富が毎年3・6兆円流出する」との言いぶりには、計算方法に各方面から疑問の声があがっている。

【B社の社説】

輸入燃料に頼る火力発電への過度な依存は、エネルギー安全保障の観点から極めて危うい。火力発電の追加燃料費は年3・6兆円に上り、資源国への巨額な国富流出が続く。
問題は、いまだに原発再稼働への道筋が見えないことである。政府は立地自治体の説得を含め、再稼働の実現に向けた取り組みを加速させるべきだ。

〈東京書籍　83ページ〉

A社とB社がどこの新聞社なのか、なんとなく見当はつきますね。A新聞とY新聞でしょうね。が、それにしても、同じ「エネルギー基本計画」に対する評価は、真逆です。

池上　教科書では、まず両方の社説の「事実」について述べている部分と、「意見」を述べている部分を分けてみよう。そのうえで、「意見」の部分についてどのような印象を持ったのか、またなぜそのような違いが生まれるのか、グループで話し合ってみよう――と問いかけています。

佐藤　単純に、「君はどちらの主張が正しいと思いますか?」ではない。

池上　そうです。メディアは事実を伝えるだけでなく、それぞれの「論調」がある。その背景を考えてみよう、と水を向けているんですね。

佐藤　要するに、A新聞（笑）の社説を読んだだけで、「なるほど、やっぱり再稼働許すまじ」と納得していていいのだろうか? 実は、世の中には、違う主張を掲げる新聞もあった。どれが正しいのか、視野を広げてさまざまに検討し、自分なりの結論を導いていきましょう、と。

池上　当然、新聞に限らずテレビでもネットでも、同じこと。それが、必要なメディアリテラシーだと言っているわけですね。

「三権」の基本を押さえる

佐藤　立法、行政、司法それぞれの役割、相互の関係についても、教科書を読めば過不足なく頭に入れることができるでしょう。

池上　この点について安倍晋三首相は、たびたび自身を「立法府の長」と自称しています。これについて、二〇一七年、野党議員から以下のような質問が出ています。

安倍総理の「議会については、私は立法府の長」との発言に関する質問主意書

提出者　逢坂誠二

安倍総理の「議会については、私は立法府の長」との発言に関する質問主意書

安倍総理は、平成二十八年五月十六日の衆議院予算委員会において山尾志桜里議員の質問に答え、「議会については、私は立法府の長であります」と答弁している。

また、平成二十八年五月十七日の参議院予算委員会において福山哲郎議員の質問に答え、「私は、立法府の、私としては」とも答弁している。（中略）

これらの安倍総理の発言について疑義があるので、以下質問する。

一　立法府の長ならびに行政府の長の定義について、政府の見解を示されたい。（以下略）

池上　これに対する安倍内閣の答弁書は以下のようなものです。

平成二十八年五月二十七日

内閣総理大臣　安倍晋三

衆議院議員逢坂誠二君提出安倍総理の「議会については、私は立法府の長」との発言に関する質問に対する答弁書

一について

お尋ねについては、いずれも法律上の用語ではなく、明確な定義があるものではないが、一般に、「立法府の長」は立法機関である国会を構成する衆議院及び参議院の議長を指すものとして、「行政府の長」は行政権の帰属する内閣の首長たる内閣総理大臣を指すものとして、それぞれ用いられていると承知している。（中略）

御指摘の平成二十八年五月十六日の衆議院予算委員会における安倍内閣総理大臣の答弁は、「行政府の長」の単なる言い間違いであることは明白（以下略）

言い間違いをしないためにも中学校の教科書をしっかり読み直した方がいいようです。

三権分立に関しては、「難易度」が高いぶん、具体的な事例も紹介しながら理解を促そう、という工夫が随所に見られます。

例えば、帝国書院の教科書の、「立法」についての説明。

国会では、さまざまな分野で数多くの議題が審議されます。すべての議題を全員が集まって議論するのは難しいため、分野ごとに委員会で審議を行い、委員会の決定を経て本会議で議決されます。国会議員は、原則としていずれかの委員会に所属しています。

法律案に対しては、政党や議員によってさまざまな政策があり、意見が対立することもたびたびあります。そうしたなかで、審議を通じて合意点が見いだされ、ときには修正がなされたうえで法律として成立します。法律は、内閣が署名したのちに国民に広く知らされ（公布）、法律として効力をもつようになります（施行）。

〈帝国書院　72ページ〉

〈帝国書院　72〜73ページ〉

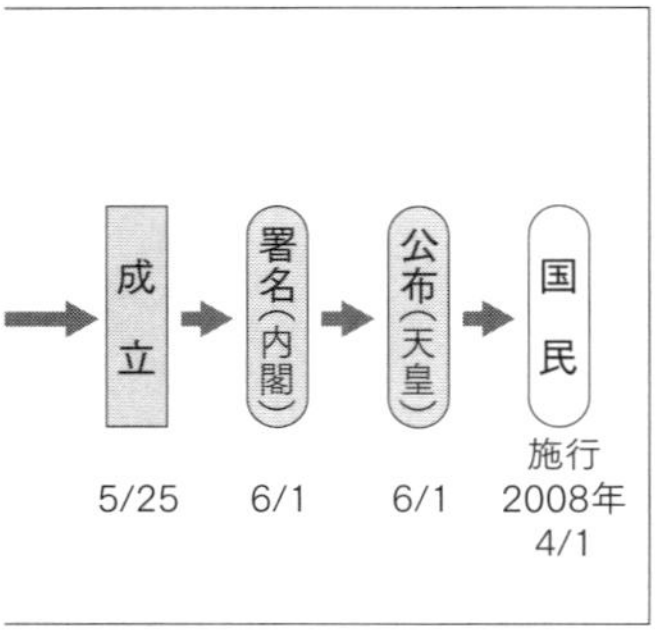

本文でこのように述べるとともに、二〇〇七年の児童虐待防止法改正を例にとって、見開きで解説を加えているのです。その年の四月二十六日に、衆議院・青少年問題に関する特別委員会の委員長が改正法案を衆議院議長に提出し、衆議院、参議院で審議のうえ、可決・成立し、内閣が署名、天皇が公布、翌年四月一日から施行、という図解は、非常に分かりやすい。

ちなみに、この法律自体は二〇〇〇年にできたのだが、その後も虐待事件が相次いだため、より実効力のあるものを目指した、という改正の趣旨もきちんと説明されています。主な改正点は、「法律の目的に、児童の権利擁護を明記する」「児童の安全確保のための立ち入り検査を強化する」「国や地方公共団体は、児童のために医療体制の整備に努める」の三点。法改正は実現したものの「法律を実際に運用する人員が不足しているという問題」も残る——という指摘まで載っています。

佐藤　運用面で穴のあったことは、その後の幾多の事実によって、証明されてしまいました。

●児童虐待防止法が改正されるまで（2007年）

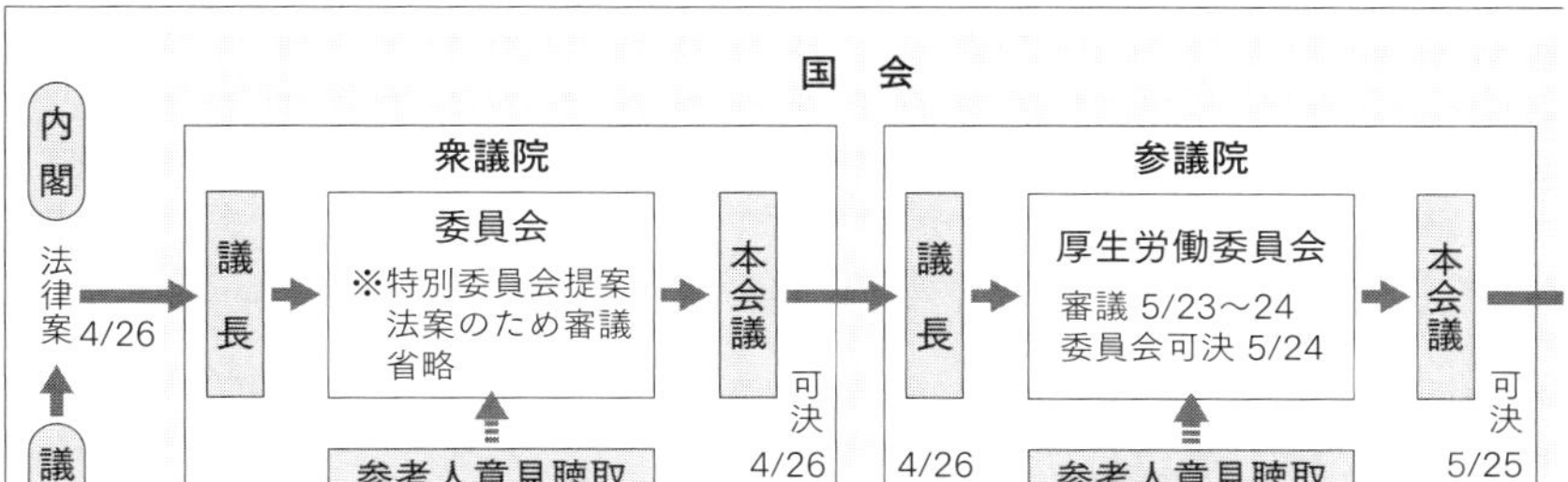

ところで、今の事例はいわゆる「議員立法」です。その問題についても、教科書に記述があります。

国会議員は、社会の問題を把握し、資料を集め、党内やほかの政党との議論を重ね、立法をめざして活動します。しかし日本の国会では、内閣提出の法案は成立することが多く、議員提出の法案（議員立法）は成立が少ない傾向にあります。これは、国政における政府や官僚の役割が大きく、また国会議員は法律をつくるためのスタッフが少ないためだともいわれています。国民主権の観点から、国民の意思を反映した法律を制定するために、国会議員による積極的な立法が求められています。

〈帝国書院　73ページ〉

池上　議員立法は提出数自体が少ないと思っている人がいるかもしれませんが、同じページの棒グラフを見ると、そうではないことが分かります。二〇一一～一六年までの数字ですが、総数は内閣提出法案五五九に対して、議員立法は六五七。ところが、成立したのは前者が四五九で後者はわずか一五四にとどまっているんですね。打率二割三分四厘です。

佐藤　国会は「立法府」なのだから、法律は議員立法が筋だ、とい

●内閣提出法案と議員提出法案
（内閣法制局資料）

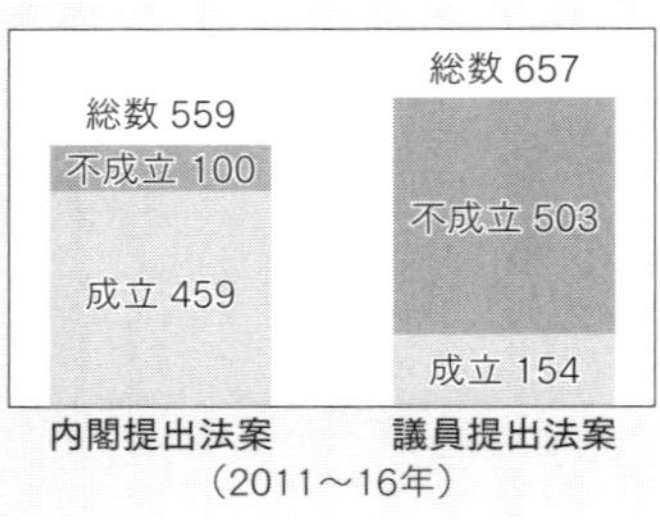

う正論もありますが、現実は厳しいようです。

池上　この話にも関係するのですが、「行政」のところでは、両方の教科書とも「行政権の拡大」に触れています。いやいや、レベルが高い。

国の仕事は、国民の代表である国会が中心となり、議院内閣制を通じて行政を指揮監督するのが本来の姿です。しかし、国の仕事は複雑かつ多岐にわたるため、国会議員がすべての政策に目を配るのが難しくなっています。そのため、現代の国家では行政の役割が大きくなっており、こうした状況は行政権の拡大と呼ばれます。

各省庁は、法律を実際の場面に適用するための細かな基準である政令や省令を定めることができます。各省庁は、これらの政令や省令によって事業の許可や認可を行う権限をもち、それを背景に企業に助言や指導（行政指導）を行うなど、強い影響力をもっています。

〈帝国書院　76〜77ページ〉

佐藤　行政に対しては、なかなか手厳しいようです。

ただ、政府の役割が大きくなりすぎると、行政が企業などに任せるべき仕事まで行ってしまうことがあります。また、公務員の仕事には、規則を重視するあまり個別の事例に柔軟に対応できない

ことや、政府全体よりも各部門の利益を重視する縦割り行政などの弊害がしばしば見られます。日本の場合、公務員が退職後、在職中の仕事に関連する企業などに再就職する「天下り」の問題も指摘されています。

〈東京書籍　91ページ〉

池上　「司法」のところでは、やはり「司法制度改革」について、詳しく述べています。

裁判の判決が間違っていたり、国民の意識とかけはなれていたりすると、司法を国民から遠ざけることになります。（略）

そこで、司法を国民の身近なものにするために、司法制度改革が進められています。（略）09年には、くじで選ばれた20歳以上の国民が裁判官といっしょに刑事裁判を行う裁判員制度が始まりました。

そのほかにも、犯罪被害者やその家族などの刑事裁判への参加が、08年から実施されています。

これらにより、裁判が迅速で国民感覚に合ったものになることが期待されています。

〈帝国書院　80〜81ページ〉

佐藤　裁判員制度については、両方の教科書とも、イラスト入りのコラムで、詳しく説明を加えています。

池上　改革自体は、法科大学院の数が減ったりして、残念ながら完全にうまくいったとは言えない現実があります。ただし、日本の司法制度の課題はどこにあって、何を目指しているのかという点は、ちゃんと押さえておくべきでしょう。

消費者目線で経済を捉える

佐藤　経済の章でも、現代的かつ実用的な記述が満載です。二社の教科書とも、初めのほうで「消費者」「消費生活」という切り口から経済を捉える項目を立てているのですが、例えばこんな「注意」を促すのです。

支払いには、現金や電子マネー、プリペイドカードなどのさまざまな方法があります。クレジットカードもその一つです。クレジットカードを利用すると、手もとに現金がなくても商品を購入できます。しかし、クレジットカードはお金ではありません。カード会社が一時的に代金を立てかえるだけです。収入を考えずに商品を買いこんでいると、後で支払いに追われることになりかねません。私たちは、現在の収入だけでなく、先々の収入についても正しい見通しを立て、計画性を持ったより良い消費生活を営んでいく必要があります。

〈東京書籍　121ページ〉

池上　帝国書院のほうには、「クレジットカードの危険性」というコラムがあって、自己破産するとどうなるか、などということも書かれていますよ。中学の教科書で、ここまで名指しで「悪者扱い」されていることを知ったら、カード会社の人間はどう思うのでしょうか。（笑）

ともあれ、我々の時代には、「貨幣経済」についての説明はあっても、「お金の使い方」についての記述なんて、一行もありませんでした。

佐藤　そういうのは学校で教えることではない、という感じだったと思います。

池上　「消費者の権利」についても、紙幅を割いていますね。

消費者保護や消費者の自立を支援するために、クーリング・オフの制度、製造物責任法（PL法）などがあります。01年には消費者契約法が施行され、商品について事実と異なる説明があった場合や、事業者の不適切な勧誘で消費者が契約してしまった場合に、6か月以内なら契約を取り消すことができるようになりました。また09年には、各省庁に分かれていた消費者行政をまとめて扱う消費者庁が発足しました。このように政府もさまざまな支援を行っていますが、私たちにも、みずから商品に対する知識や情報を集めたうえで、購入する商品を選択していくことが求められています。

〈帝国書院　117ページ〉

佐藤　最後の部分を、東京書籍の教科書では、こう展開しています。

一方で、私たち消費者も、権利とともに責任を負っていることを忘れてはなりません。自立した消費者として、自ら知識や情報を広く収集し、的確な判断力を養い、それに基づいて行動する必要があります。また、私たちは、消費生活を通じて資源やエネルギーを使い、環境汚染やごみ問題を引き起こしています。資源を節約し環境に配慮した消費を行う責任が、私たちにはあるのです。

〈東京書籍　125ページ〉

おっしゃる通り、と言うしかありません。

労働者の権利とは？

池上　中学の公民で、ＣＳＲまで習うんですね。

企業の規模が大きくなるにつれて、企業の活動は社会に大きな影響をおよぼすようになりました。公害は、企業が地域社会にあたえた負の影響です。一方で、教育や文化、環境保全などで積極的に社会貢献を行う企業も増えています。現代では、企業は利潤を追求するだけでなく、企業の社会的

責任（CSR）を果たすべきだと考えられています。現代の企業は、法令を守り情報を公開することはもちろん、消費者の安全や雇用の確保など、多様な役割と責任をになっています。

〈東京書籍　131ページ〉

佐藤　帝国書院のほうに、過度な残業などをせずに生活との両立を確保する「ワーク・ライフ・バランス」や、本業に関係しない社会貢献活動を意味する「メセナ」といった用語が、ゴシック体で出てきます。

池上　そうかと思うと、「労働三法」も、ちゃんとゴシック体になっています。

企業を経営する側（使用者）と比べると、働く側の労働者一人ひとりの立場は弱く、使用者側の一方的なつごうで、職場を解雇される可能性もあります。企業にとっては、できるだけ安い賃金で長い時間働いてもらえれば良いかもしれませんが、それでは労働者の人権は守られません。そこで、労働基準法によって、労働時間・賃金など労働条件の最低基準が定められています。

また、労働者には、団結権、団体交渉権、団体行動権の労働基本権（労働三権）が保障されています。使用者が労働組合の活動をさまたげたり、組合員に対して不当な扱いをしたりすることは、労働組合法で禁じられています。このほか、労働者と使用者の対立を予防・解決するために、労働関係調整法も定められています。

〈帝国書院　128～129ページ〉

二〇一九年に、東北自動車道の佐野サービスエリアの従業員が決起してストライキし、ちょっとした騒ぎになりました。

佐藤　店舗が閉まり、佐野ラーメンが食べられなくなった、と。

池上　あれは、ちゃんとした労働組合が団体行動権を行使したものですから、違法でも何でもありません。普通に仕事をさぼったりしたのなら、会社から罰を受けても仕方がないのですけど。

佐藤　労働組合には基本的にストライキ権が認められているのですが、最近はそれを実際に行使することが減りましたから、余計に目立ったわけです。

池上　かつてNHKにいた頃には、しょっちゅうストがありました。いつもは若い女性アナウンサーが担当しているニュースに、突然ベテランが登場してびっくりされたり。（笑）

佐藤　事情通は、その映像を見て、「あ、ストライキに入ったんだな」と理解した。（笑）

池上　これも二〇一九年に、厚生労働省が「非正規労働者」という名称はネガティブだから「有期雇用」などに言い換える、というような愚かなことを言い出して批判されました。中学の教科書ではその「非正規」についても、正面から取り上げています。

――**2016（平成28）年現在、日本の労働者のおよそ4割が、アルバイト、パート、派遣労働者、**

契約労働者などの非正規労働者です。非正規労働者は、正規労働者と同じ仕事をしても賃金は低く、経済状況が悪化すると雇用調整の対象になりやすいため、安定した生活を営むのが難しい場合も多く見られます。非正規労働者が正規労働者になれるように専門技能の習得をうながすとともに、失業しても困らないように、社会全体で、生活保護や職業訓練などのセーフティネット（安全網）を整備していくことが必要です。

〈東京書籍　134〜135ページ〉

いわゆる「働き方改革」の一環として、二〇二〇年四月から、正規、非正規労働者の賃金格差をなくす「同一労働同一賃金」がスタートしましたが、非正規が不安定な働き方であることは変わりないでしょう。中学生は、ここを真面目に勉強すればするほど、不安に駆られるかもしれません。

佐藤　ところで、私が小中学生の頃は、「狂乱物価」などと言われて、とにかくインフレーションが問題でした。だから、インフレを抑制する金融政策は、などというのが教科書に載っていた記憶があるのですが、当然のことながら、そういう記述は見られませんね。

池上　高度成長の頃は、教科書でデフレーションの説明がされていても、ぜんぜん現実味がなかったわけですね。今の子どもたちは、逆の感覚なのかもしれません。

日本銀行については、中学の教科書がどう書いているのかを、紹介しておきましょうか。

銀行の一つに、日本銀行という特別な銀行があります。日本銀行は日本の中央銀行として、普通の金融機関とは異なる役割を果たしています。

日本銀行は、千円札、二千円札、五千円札、一万円札という、私たちが使う紙幣（日本銀行券）を発行できる唯一の「発券銀行」です。これらの紙幣は、日本銀行が発行しているという信用によって、お金としての価値が与えられています。そして日本銀行は、国が資金を出し入れする「政府の銀行」でもあります。

さらに「銀行の銀行」として、金融機関だけにお金を貸し出します。日本銀行は、金融機関にさまざまな手段ではたらきかけます。例えば、不況のときには国債を買うことで市場に出まわるお金の量を増やし、家計や企業がお金を借りやすくします。逆に好況のときには、国債を売ることで市場に出まわるお金の量を減らし、景気のいきすぎを防ぎます。

日本銀行は、このように世の中に出まわるお金の量を調整したり、利子率を上げ下げしたりすることで、景気変動を安定させる仕事もしています。これを金融政策といいます。

〈帝国書院　136～137ページ〉

私たちの頃は金融政策は公定歩合を上下させていましたが、いま公定歩合は存在しません。現在の金融政策は、このように行われているのです。

佐藤　現代の日本は、バブル崩壊期に、デフレ脱却を目指して「ゼロ金利」政策が選択されたのだけれど、いつまで経っても物価はインフレには振れてくれず、気付いたら二〇年あまりが経っていた、という状況です。

池上　今の景気変動や金融についての話、それからグローバル経済の進展、為替変動の影響、国の財政政策、社会資本とは何か、さらには社会保障と財政の未来……。経済分野も、特に現役のビジネスパーソンにとっては「外せない」テーマばかりです。

佐藤　ある意味「読み応え十分」。地理のところでも言いましたが、これは「通読」するのが大事です。資本主義経済の仕組み、日本の現状を大摑みできれば、日々飛び込んでくる経済ニュースの理解度は、格段にアップするはずです。

世界の紛争、日本の領土

池上　人権と日本国憲法、日本の政治、経済ときて、最後に「国際社会の現状とその中の日本」を学びます。

佐藤　世界平和の話なのに、国際連合の記述が思いのほか少なくないですか？

池上　国連も、昔のように〝希望の星〟とは言えなくなっているからでしょうか。

佐藤　相対的に、ＥＵをはじめとする地域主義の動きとか、あるいは国際的な紛争やテロリズムの話が目を引きます。

「戦争」は、かつては国家と国家の戦いを意味していました。しかし、冷戦の終結後、従来とは異なる形の「戦争」が見られるようになりました。1990年代に起こったユーゴスラビア紛争のような地域紛争や、2001（平成13）年にアメリカで起こった同時多発テロのようなテロリズムなどです。これらは「新しい戦争」と呼ばれています。

〈東京書籍　188ページ〉

池上　二社とも主な紛争地域を赤く塗った世界地図を載せていますが、あらためて「こんなにあるんだ」というのに驚かされます。これは、感覚として知っておくべきでしょう。

佐藤　冷戦終結後の「新しい戦争」ではないのですが、特にパレスチナ問題について、丁寧に説明しています。

現代世界に残された争いの一つに、パレスチナ問題があります。第二次世界大戦後、ユダヤ人を中心としてイスラエルという新たな国がつくられましたが、パレスチナ人の多くはイスラエルの存在を認めず、ユダヤ人の多くもパレスチナ人の独立を認めなかったため、言葉も宗教も異なるユダヤ人とパレスチナ人の間で争いが起きました。

1993年には、イスラエルとパレスチナ人の自治政府がたがいに承認し合うことで合意しまし

たが、イスラエルを認めないパレスチナ人の急進派と、自治政府を認めないユダヤ人の急進派の間では不信感が強く、今でも武力を用いた争いが続いています。

〈帝国書院　170ページ〉

この説明文だとやや補足が必要かもしれませんが、東京書籍のほうでは、なんと見開きで「パレスチナ問題と中東和平」を解説しているのです〈190〜191ページ〉。

池上　この問題も日本人はあまり「得意」ではありませんが、これを読めば、「なるほど」と思えるはずです。

佐藤　そこにも出てきますが、焦点は「聖地エルサレム」です。

〈帝国書院　171ページ〉

●紛争や反政府運動などが起きているおもな地域

エルサレムは、ユダヤ教、キリスト教、イスラム教の三つの宗教の聖地です。（略）イスラエルはエルサレムを自国の首都であると宣言していますが、国際社会はこれを認めていません。パレスチナも国家の首都をエルサレムであると主張しており、エルサレムの帰属問題はパレスチナ問題において重要な課題の一つです。

〈東京書籍　190ページ〉

ちなみに、二〇一七年の暮れ、アメリカのトランプ大統領は、国際社会の「了解」を破って、エルサレムがイスラエルの首都であることを認め、翌一八年五月には、アメリカ大使館をそれまでのテルアビブから「聖地」に移転させました。

池上　当然のことながら、その振る舞いは、現地の緊張を一層増幅させることになったわけです。日本が絡む「紛争」、すなわち領土問題は、やはり公民でも詳しく説明されています。

日本も近隣諸国との間で、近年、領土をめぐってさまざまな動きがあります。北海道の北東にあり、北方領土とよばれる歯舞群島・色丹島・国後島・択捉島は日本固有の領土です。第二次世界大戦後にソ連が占領してから60年以上、ソ連、続いてロシアが不法に占拠しています。（略）

日本海に浮かぶ島根県の竹島もまた、日本固有の領土です。しかし、韓国が52年に国際法上の根拠のないまま境界線（「李承晩ライン」）を引いて領有を宣言し、今日まで不法に占拠を続けています。（略）

なお、日本固有の領土である沖縄県の尖閣諸島は、第二次世界大戦後アメリカの統治下におかれましたが、沖縄返還とともに日本の領土にもどりました。（略）日本ばかりでなく国際的にも尖閣諸島は日本の領土だと認められています。

〈帝国書院　168〜169ページ〉

こうした概説に加え、周辺の地図や写真なども配して、論じています。

佐藤　東京書籍のほうも、見開きで取り上げています。地理のところでも言ったように、「日本の固有の領土」という表現は気になるのですが、国家として領土に対する主権を主張するのは重要というか、当然のことです。

池上　仮にこの問題を外国人に問われたとしても、経緯も分からずに「日本のものだ」と言うだけでは、説得力を持ちません。いま一度、基本的なところを学んでおくべきでしょう。

佐藤　前提として、次のような基礎知識を頭に入れておくのも大事だと思います。

――国家の支配する領域は、領土・領海・領空の三つから構成されています。領海のほかに排他的経

済水域を設けることもあり、その水域でとれる魚や石油などの資源は、排他的経済水域をもつ国のものとなります。領海と排他的経済水域以外の海は公海とよばれ、どの国でも利用できますが（公海自由の原則）、領域に無断で立ち入ることは認められません（領土不可侵）。

〈帝国書院　166ページ〉

日本の領海は基線（低潮時の海岸線）から一二海里（約二二km）、排他的経済水域というのはEEZとも言って、基線から二〇〇海里（約三七〇km）の範囲を指します。

●領土・領海・領空

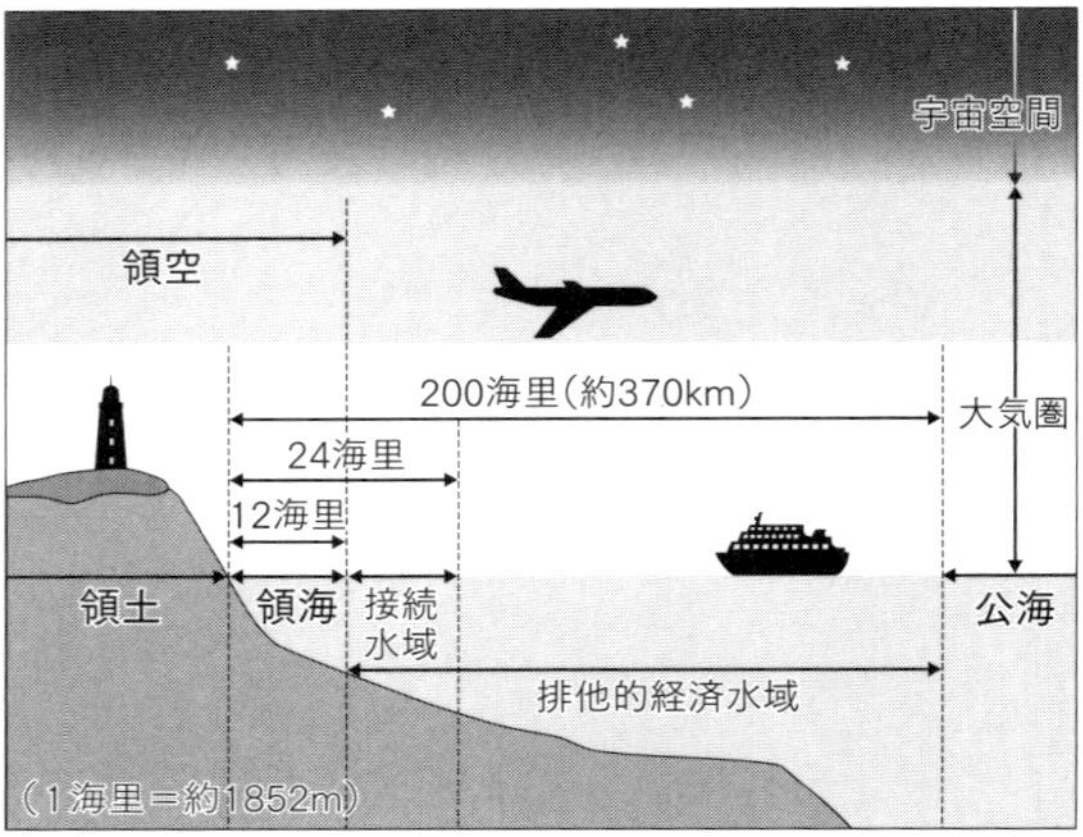

比重増す環境・エネルギー

池上　公民の教科書では、地球環境問題についても一から語っています。これも要領よくまとまっていますから、「復習」するのに最適だと思いますよ。

佐藤　ここでも、地球温暖化などの現状を語るだけでなく、先進国と発展途上国の「対立」まで踏み込んでいます。

先進国は、新しい枠組みづくりにおいて、中国やインドなどの高い経済成長を続ける発展途上国にも、温室効果ガスの排出を抑制すべきだと主張してきました。一方、発展途上国は、自分たちには経済を発展させて豊かな生活を実現する権利があり、今まで多量の温室効果ガスを排出し、豊かな生活をしてきた先進国こそが、地球温暖化の責任を負うべきだと主張してきました。

〈帝国書院　189ページ〉

「新しい枠組み」とは、地球温暖化対策を話し合う「気候変動枠組条約締約国会議」（COP）のことです。

池上　一九九七年に日本で開かれた第三回の会議で採択された「京都議定書」が有名です。

佐藤　今の途上国の主張は、先進国であり、なおかつ原子力発電の停止で、火力による発電が八〇％を大きく超える状態にある日本にとっては、非常に耳の痛い話ではないでしょうか。

池上　その日本のエネルギー問題についても、ご指摘の原発の問題を反映して、帝国書院は六ページ、東京書籍も見開きの解説を含む四ページを割いて、論じています。

佐藤　原発については、単純に「日本に必要なものだから、再稼働が必要」とか、「危険な発電からは脱却して、自然エネルギーで賄おう」とかのストーリーには、なっていません。例えば、東京書籍の教科書には、「世界のエネルギー政策」という項に、こうあります。

福島第一原発の事故は、世界のエネルギー政策にも大きな影響をあたえました。ドイツは、国内の原子力発電を段階的に廃止する脱原発の方針を決定しました。オーストリアやイタリア、ベルギー、スイスも同様の決定をしています。

これに対して、総電力の約75％を原子力発電でまかなうフランスは、引き続き原子力発電を維持するものの、その依存度を減らす方針を発表しています。原発による発電量が世界最大のアメリカも、原子力政策の維持を表明し、さらなる増設を進めています。経済成長にともなって電力需要が増加する中国、インドなどの新興国も、原発を増設する方針を打ち出しています。

〈東京書籍　183ページ〉

池上　メディアは、どうしても「フクシマの事故で、原発の見直しが始まった」というニュースにバリューを見出し、センセーショナルに伝えがちです。今の文章を読んで、「そうだったんだ」と思う人は、少なくないかもしれません。

佐藤　いわゆる自然エネルギーについては、こう述べます。

資源確保の問題がなく、二酸化炭素を排出しないクリーンなエネルギーとして、太陽光、風力、

地熱、バイオマスなどの再生可能エネルギーの開発も進められています。しかし、現在の技術では発電などにかかる費用が高いことや、太陽光発電や風力発電は電力の供給が自然条件に左右されること、地熱発電は自然や観光施設との共存が必要なことなどの課題があります。

〈東京書籍　181ページ〉

日本の置かれたエネルギー事情を放置するわけにはいかない。しかし、冷静に事実を見極めながら議論を進めよう——。ひとことで言うと、そういうことです。

池上　国際関係のところでは、世界の経済格差、貧困などについても述べられていますが、全編を通じて、今おっしゃった視点が貫かれていると思います。

佐藤　公民でちょっと残念なのは、宗教に対する言及が薄いことです。日本でもいろんな宗教が現実政治に強い影響力を与えているという事実があります。オウム真理教のようなものの出現を防ぐためにも、「そもそも宗教とはどういうものか?」という基本的な理解が必要だと思うのです。

池上　それは重要だと思います。特に政治に関わる部分に関しては、隔靴掻痒のところがありますよね。例えば選挙制度についていくら詳しく解説しても、必ずしも投票率の向上には結びつかない、というジレンマが現場にはあります。本当は、現実の政党の政策、主張を詳しく調べて比較するというような授業をやれば、政治的関心を高めることができるかもしれないのですが、どうしても制約があって。まあ、教科書が世に出るころには、消えてしまっている政党もありますから、そういう意味で

も難しい。（笑）

とはいえ、繰り返しになりますが、現実の政治や経済、国際問題などを見るうえでベースになるものが、この教科書には詰まっています。

佐藤　「地理の教科書は、重要なところ以外は読み流してもＯＫ」と言いましたが、公民は、できれば熟読をお勧めします。語句を調べ、ノートを取るぐらいの姿勢で読んだら、確実に現代を生き抜く「知の財産」になると思います。

第4章

理科

日常が科学で成り立っていると知る

二人が読んだのは――

◉東京書籍「新編　新しい科学1・2・3」［2015年3月6日検定済］

◉大日本図書「新版　理科の世界1・2・3」［同］

iPS細胞までカバーする

池上　「序章」で電磁誘導の原理が活用されているICカードの例を紹介しましたが、現在の理科の教科書には、「今習っていることが、現実の社会や生活とこのように関わっています」という具体例やエピソードが満載です。

佐藤　そうやって、どうにかして中学生に関心を抱いてもらいたい、と一生懸命なのですね。

池上　我々の頃とは、書き手の姿勢が違う（笑）。それは、これから学び直す大人にとっても好都合です。とはいえ、学ぶ水準を下げたのではありませんから、やっぱり「読み応え」があります。

佐藤　そうです。ぜひ理解しよう、というマインドで向き合わないと〝返り討ち〟に遭いかねない、なかなか手ごわい相手であることは間違いありません。

池上　だからこそ、社会に出た人間がわざわざ読み直す価値もあるわけです。新しい技術や知見も、どんどん取り入れられている。今の時代に求められる科学リテラシーとしては、十分なレベルと言っていいと思います。

佐藤　同時に、中学の理科は、数学的な知識がなくてもほとんど理解できるのもいいところ。それでいて、中三レベルをクリアすれば、新聞の科学面がスラスラ読み進めるようになるはずです。もし時間がないのなら、三年の教科書だけ読むのもいいでしょう。

さて、今池上さんがおっしゃったように、日進月歩の科学技術の進歩が反映されていることもあって、理科の教科書も、やはり自分たち世代のものとはかなり変わりました。一読して、内容的に最も変わったと私が感じるのは、「生物」の分野です。三年生で習う遺伝のところには、iPS細胞まで登場するから驚きです。

池上　メンデルの法則も、こんなふうにきちんと説明されているのですね。

純系の両親の形質が異なるとき、メンデルの交配実験の結果は、次のようにまとめられる。

①子の代には、すべての個体に両親の一方の形質だけが現れる。

②孫の代には、両親の一方の形質をもつ個体と、もう一方の形質をもつ個体が現れる。

③孫の代の形質の現れ方は、3：1の比になっている。

子の代では、一方の親の形質は失われてしまったように見える。しかし、孫の代では再び両親の形質が出てくる。したがって、子の代には現れなかった形質は、失われたのではなく隠れていたと考えられる。

メンデルはそのことを説明するために、次のような仮のしくみを考えた。

●形質を伝えるものは、個体の中で2つ集まって対になっている。両親からその対の一方ずつが子に伝えられ、子の中で新しい対ができる。

メンデルが考えた「対になっている形質を伝えるもの」は、現在の遺伝子のことであり、染色体に存在する。

――〈大日本図書3　97ページ〉

佐藤　メンデルは、エンドウ豆の丸型としわ型という形の違い、すなわち対立形質に注目して、遺伝の規則性という大発見を導きました。ところで、科学者グレゴール・ヨハン・メンデルとはどういう人だったのか？　東京書籍に「メンデル物語」という漫画が載っています。「メンデルの生がいは　とても地味」「21歳で修道院に入り仕事をしつつ　大学で自然科学や哲学を修めた」「そのまま修道院に残り　62歳で亡くなるまでコツコツ研究を続けた」とあり、その後、先ほどの大発見をした様子が描かれています。

しかしこの発見は生物を数学的に分せきするというアイディアがざん新すぎたため　誰も理解できなかった

まあ今に私の時代がくるさ

と言っていたメンデルが

評価されたのは発表から34年後　亡くなってから16年後の１９００年のことでした

〈東京書籍3　95ページ〉

佐藤　修道院に残ってエンドウ豆を相手にする時間が持てたからこそ、「種の起源」のダーウィンに匹敵するような業績を残すことができた。しかし、生きているうちに名声を得ることはなかった――。「発明発見物語」には、けっこうこういう「運」がついてまわります。

池上　やがて人類は、その遺伝子の正体がＤＮＡ（デオキシリボ核酸）という化学物質で、その分子が「二重らせん」という実によくできた構造を持っていたことを突き止めました。教科書には、例によって、そうした研究成果が社会でどう活用されているのかが述べられています。

近年、異なる個体の遺伝子を導入する遺伝子組換えによって、有用な形質を現す品種をつくりだす研究が進められ、比較的短期間で品種改良を行うことが可能になった。

〈東京書籍３　98ページ〉

佐藤　遺伝子組換え技術とは何か、についても説明されています。

遺伝子組換えによって有用な形質を現す品種をつくりだすためには、目的の遺伝子を別のＤＮＡにつなぎ、その品種のもとになる細胞に人工的に入れる必要がある。そのために使われる別のＤＮＡを「ベクター（乗り物という意味）」という。うまくベクターにつないだ遺伝子は、さまざまな方法で目的の細胞に人工的に入れることができる。

〈東京書籍３　99ページ〉

例えば「遺伝子組換え食品は怖い」と言われるのだけれど、どこが「怖い」のか、説明できる人がどれだけいるでしょうか？　交配をくり返すのも、目的遺伝子を人工的に組み込むのも、少なくとも「生物の設計図である遺伝子が組換わった結果、新しい品種ができた」というメカニズムに関する限り、変わるところはありません。「安全性論議」は、そういう科学的な事実を踏まえたうえで行われないと、単なる「印象論」「感情論」に陥る危険性があると思います。

池上　同感です。大日本図書のほうには、こういう指摘もあります。

一方で、人類が過去に経験していない新しい技術は、負の側面ももつかもしれない。環境保護、安全性、生命の尊重、個人情報保護など、さまざまな観点から広く議論をする習慣をもち、その技術を大多数の人が理解し、納得した上で社会生活に反映させていくことが求められている。

〈大日本図書３　106ページ〉

佐藤　最初に触れたｉＰＳ細胞についても、「再生医療に使える」という知識はあっても、そもそもどういうものかというのを分かっている人は、案外少ないかもしれません。

情報を受け取る側に、技術を理解する能力や姿勢が欠けていると危ないよ、というふうにも読めます。

動物には、神経や筋肉などの組織や器官を構成する細胞に変わることができる、特別な能力をもった幹細胞とよばれる細胞が存在する。幹細胞がひとたび組織をつくる細胞に変わると、その能力は失われる。

人工多能性幹細胞（iPS細胞）は、細胞が一度失った、さまざまな細胞に変わることができる能力を、遺伝子を扱う技術によって復活させたものである。日本の山中伸弥博士は、ネズミやヒトの皮ふ細胞において、ある4種類の遺伝子を導入すると、そのはたらきによって幹細胞としての能力が復活することに気づいた。このことを利用した方法でつくられたのがiPS細胞である。

iPS細胞作製の技術は、将来、移植医療に必要な臓器をつくることや、病気を治療する薬や方法の開発につながると期待されている。

〈大日本図書3　107ページ〉

補足しておくと、iPS細胞の前に、同じ機能を持つES細胞（胚性幹細胞）の研究が進みました。ただ、こちらは「生命の萌芽」である受精卵を使うため、生命倫理上問題があるとして、時のジョージ・ブッシュ米大統領や、ローマ教皇（法王）庁などが実用化に反対したという経緯があります。

池上　皮膚細胞、すなわち体細胞由来であるところが、iPS細胞の優れたところなんですね。すでに皮膚に変化した細胞を、いろんな細胞に分化できる受精卵のような状態まで戻せることから、「細胞のタイムマシン」と呼ばれました。

ました。

「火を噴く大地」「動き続ける大地」を学ぶ

佐藤　一年生の教科書から、地震のメカニズムがかなり詳しく出てくるのにも、ちょっとびっくりしました。

池上　P波とS波は、私の頃も習った記憶がありますが。

地震が起こって地面が揺れるとき、はじめカタカタと小さく揺れ、ついでユサユサと大きく揺れることが多い。（略）はじめの小さな揺れを初期微動、あとに続く大きな揺れを主要動という。地震が起こると、速さのちがう２つの波が同時に発生してまわりに伝わっていく。初期微動は速さの速い波（Ｐ波）による地面の揺れであり、主要動は遅い波（Ｓ波）による揺れである。この２つの波が届くまでの時間の差を初期微動継続時間という。

〈大日本図書１　229ページ〉

これを利用したのが、おなじみ緊急地震速報です。ここは、現代ならではですね。

地震が発生した直後に気象庁から発表される情報で、震源に近い場所は遠い場所よりも揺れ始めの時間が早いことを利用して、警報を出すしくみである。

日本には、2000点以上の地震計が設置されていて、地震が起こると震源にもっとも近い地震計で観測された地震波のP波を直ちに解析して、震源の位置や地震の規模（マグニチュード）を推定し、それにもとづいて震源から離れた地域での主要動（S波）の到達時刻や、揺れの大きさ（震度）を推定し、最大震度が5弱以上と判定された地域に緊急地震速報が発表される。

〈大日本図書1　233ページ〉

佐藤　同じ教科書には、「いろいろな速さの比較」という表が載っているのですが、「空気中を伝わる音」が毎秒〇・三四kmに対して、「地面の揺れ」は毎秒五〜七kmと、桁が違うのです〈大日本図書1　228ページ〉。こういうふうに数字で示されると、揺れの伝わる速さが実感できます。

池上　三年生になると、そういう地震の原因でもある地球のプレートについても勉強します。

地球の表面は、何枚ものプレートが組み合わさってできている。そのプレートの境界では、プレートどうしがおし合う力などにより地震が発生する。また、地下ではマグマだまりができて火山活動が起こる。

日本列島はユーラシアプレート、北アメリカプレート、フィリピン海プレート、太平洋プレートの境界が集中する場所にあり、100以上の火山が存在し、地震も多く発生する。

〈東京書籍3　253ページ〉

地理の教科書にも出てきた「プレートテクトニクス」ですが、歴史的には、私が小学生の頃にそれを提唱する学者が出始めたくらいなんですね。定説になったのは、そんなに昔ではないのです。ＳＦ作家の小松左京が一九七三年に発表した『日本沈没』で、この理論を知った人もいるでしょうね。この本が出たとき、私は、なるほど最新理論をこのようにフィクションに盛り込むのかと感心したことを覚えています。

佐藤　火山についても、かなり専門的なところまで踏み込んでいますよね。私たちの時代と違うのは、「死火山」「休火山」というのがなくなったことです。富士山は、休火山だったのだけど。

池上　そうそう。その分類を一生懸命覚えたものですが、残念ながら、そういう努力は今となっては無意味になってしまいました（笑）。実際、かつては死火山に分類されていた長野・岐阜県にまたがる御嶽山が二〇一四年に噴火して、たくさんの犠牲

●日本付近のプレートの模式図　　出典：気象庁

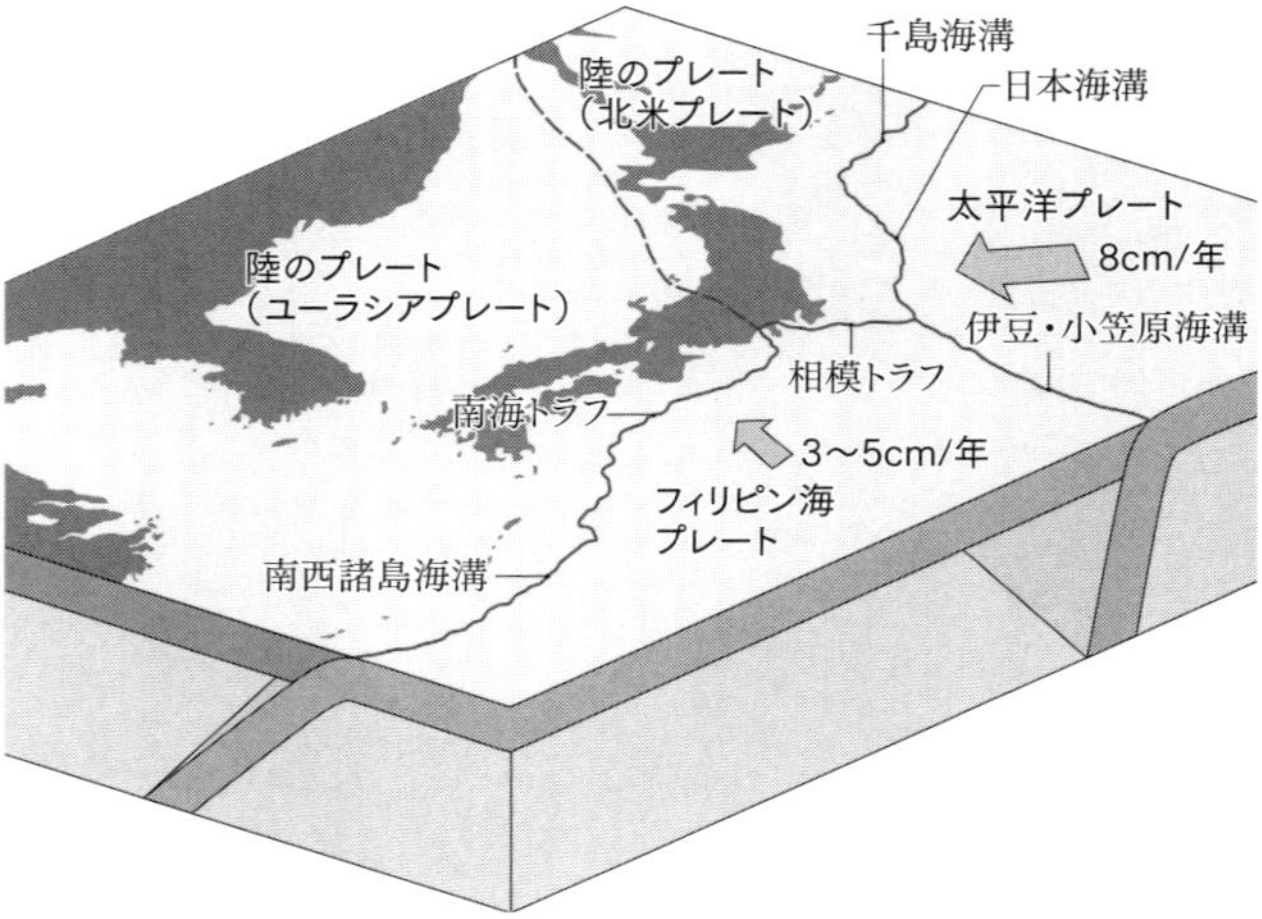

者を出したりしています。

首都圏直下型や東南海地震への警戒が高まっていますが、火山噴火のリスクも相当高まっています。例えば、「休んで」いたはずの富士山も、現在は活火山。こんな状況だと警告しています。

富士山は（略）噴火がいつ起こってもおかしくない時期にきていると考えられている。もし富士山が宝永噴火のような爆発的な噴火をした場合には、（略）富士山から東京にかけての地域では、降り積もった火山れきや火山灰のために新幹線や東名高速道路は走行できなくなる。送電線に降り積もった火山灰の重みで電線が切れたり、絶縁不良によるショートが起こって、停電が発生することも考えられる。

〈大日本図書1　221ページ〉

東京が機能不全に陥ると、日本はもとより全世界に影響が波及する可能性があるでしょう。

佐藤　火山に関しては、そういう噴火そのものの話だけではなくて、噴出する鉱物や岩石のことまで、結構詳しく述べています。

――**火山灰は、色や形が異なる何種類かの粒からできている。火山灰などの火山噴出物には、マグマ**

が冷えてできた粒がふくまれており、そのうち結晶になったものを鉱物という。火山灰以外の火山噴出物も、その多くは火山灰と同じように鉱物が集まってつくられている。

〈東京書籍1　208ページ〉

池上　同じ東京書籍の教科書には、「鉱物は地球の宝物」というタイトルの素敵なコラムも載っています。

私たち人類は、ダイヤモンド、ルビーなどを宝石として珍重してきました。このようなきらびやかな光を放つ宝石と火山灰にふくまれている鉱物は見た目が大きく異なりますが、実は宝石の多くは鉱物のなかまなのです。例えば、火山灰にもふくまれているカンラン石は、大きくて色もきれいならペリドットという宝石になります。（略）

（宝石も火山灰にふくまれる鉱物も）どちらも地球内部のはたらきによってできたものです。校庭や砂場でキラキラとかがやいている小さな粒は、宝石のように大きくはなく、あざやかさもありませんが、地球がつくり出した宝物だといえるでしょう。

〈東京書籍1　210ページ〉

佐藤　たまに噴火という災害をもたらす火山ですが、一方で、日本は世界に冠たる火山国であるがゆえの恩恵にも浴している。次の文章では、そのことがうまくまとめられています。

（略）反面、火山からの恵みもあります。ひとつは温泉です。桜島に近い鹿児島市内では、全ての銭湯が温泉です。また、火山地帯では、地下深くから上昇してきたマグマが冷えて熱水を残しますが、この熱水には金をはじめとする貴金属がふくまれているため、貴金属の鉱床のもとになります。金の産出量日本一の菱刈鉱山は、こうしてできました。

このように、火山の近くにくらすということは、災害の脅威を警戒しながら、その恵みを享受することなのです。

〈東京書籍1　217ページ〉

池上　富士山は象徴ですが、火山がつくり出す独特の地形、景観も恩恵の一つと言えます。

「放射線」もきちんと教える

佐藤　中学の理科の教科書に、我々の頃と違って地震が大きく取り上げられているのは、明らかに阪神淡路大震災や東日本大震災の影響だと思います。技術の進歩だけでなく、現実社会の出来事も、教科書の中身に反映されるわけですね。

ところで、二〇一一年の東日本大震災は、地震という「地学」に影響しただけではありませんでした。「物理」において、原子力、放射線に関する記述が大幅に増えたのだと思います。

池上　福島第一原発の事故の結果、そうなったんでしょうね。次のような文章を読むと、これが理科の教科書なのか？　と感じるほど。

原子力発電は少量の核燃料から大きなエネルギーを得られること、発電時には二酸化炭素をほとんど排出しないことなどから、日本でも発電される電気エネルギーの約１／３を原子力発電が占めるようになっていた。しかし、２０１１年に起こった東京電力福島第一原子力発電所事故を受けて、安全基準の見直しが行われ、新基準を満たせない原子炉は運転できなくなった。

原子炉内には、核分裂によって大量の放射性物質がたまり、それが原子炉の外にもれると、土壌、水、農作物、水産物などを汚染し、人体に健康被害が出るおそれもある。また、原子炉からとり出した使用済み核燃料の中には、１０００年以上も強い放射線を出し続ける物質がふくまれるため、安全な形で管理しなければならない。このように、原子力を利用するときには、安全に十分注意して行う必要がある。

〈大日本図書３　286ページ〉

佐藤　東京書籍のほうも、「福島第一原子力発電所の事故」というコラムを設けて、原発事故のあらましを説明しています〈東京書籍３　277ページ〉。

事故を踏まえて、あらためて発電について考えるという流れで、二社の教科書とも火力、原子力、水力発電の仕組みについて解説しています。「日本ではこういう方法で電気をつくっています」というのは、社会科の守備範囲だったのですが。

池上　余談ながら、理科の教科書であることを意識しているなと思うのは、例えば、火力発電について説明した次のくだり。

石炭、石油、天然ガスは太古の生物の死がいが変化したもので、化石燃料ともよばれている。太古の植物も光合成によって育ち、動物はそのエネルギーを利用しているので、火力発電は、昔の太陽のエネルギーがすがたを変えたものといえる。

〈大日本図書３　282ページ〉

教室では、少し先生の補足説明が要るかもしれません。植物は、光合成によって、光エネルギーを自分が利用できる化学エネルギーに変換し、養分として蓄えます。植物の死後、この養分が長い年月をかけて化石燃料になるわけで、そのエネルギーの元を辿れば、太古の太陽の光に行きつく。自ら栄養分をつくりだせない動物は、植物を食べて生き永らえます。肉食動物も、そんな草食動物から栄養をもらう。彼ら由来の化石燃料も、ルーツは太陽エネルギーにほかならない、というわけです。

佐藤　火力と原子力の発電の仕組みについては、「化石燃料を燃焼させて高温・高圧の水蒸気や燃焼ガスをつくり、タービンを回して発電する」（火力発電）、「核燃料内での核分裂反応で発生する熱で水蒸気をつくり、タービンを回して発電する」（原子力発電）と説明されています〈東京書籍3　276〜277ページ〉。

池上　そこで終わらないのが、今の中学の理科なのです。大日本図書の教科書には、「核エネルギーが放出されるしくみ」が、次のように説明されていますよ。

1つの原子核が2つに分かれることを核分裂という。核分裂で放出されるエネルギーを核エネルギーといい、そのしくみは、燃焼などの化学反応とはまったく異なる。

たとえば炭素を燃やすと、$C+O_2→CO_2$という反応により、固体だった燃料（C）が気体（CO_2）に変化するとともに熱エネルギーが放出される。このとき、炭素（原子番号6）や酸素（原子番号8）などの原子は変化しない。

一方、原子番号92のウラン原子の核分裂では、原子がほぼ半分に「割れ」て、ストロンチウム、ヨウ素、キセノン、セシウム（それぞれ原子番号38、53、54、55）など、まったく別の種類の原子に変化し、このときに化学反応よりもはるかに大きなエネルギーが放出される。

〈大日本図書3　286ページ〉

いやはや、レベルが高いです。

佐藤　本当にそう感じます。さらに、放射線に関しては、大日本図書が四ページ、東京書籍のほうも四ページにわたって解説を加えています。放射線の種類、性質、その利用、人体への影響、「半減期」の説明まであるんですね。熟読すれば、この分野もかなり詳しくなれる。

池上　原発事故の時によく耳にした、「ベクレル」「グレイ」「シーベルト」という単位は、それぞれ何を意味しているのか？　あるいは、「外部被ばく」と「内部被ばく」の違いは何か？

東京書籍の教科書は、「放射線の性質とその利用」を述べるとともに、「放射線から身を守るために」というコラムを載せています。

放射線には物質を通りぬける性質（透過性）や物質を変質させる性質があり、現代社会ではこれらの性質を利用している。レントゲン検査、ＣＴ、ＰＥＴでは放射線の透過性を利用して、からだを傷つけることなく内部を見ている。また、ジャガイモを長期保存できるように放射線を当てて発芽しないようにすることや、農作物の品種改良などにも放射線が使われている。タイヤのゴムやプラスチックなどにも放射線を当てて、よりよい性質の物に変えることも行われている。

〈東京書籍３　281ページ〉

佐藤　放射線の意義について説明したうえで、その恐ろしさについても示しています。

私たちが放射線を受ける経路には、外部被ばくと内部被ばくの2つがあります。同じ量の放射線を受けた場合、人体が受ける影響は同じです。内部被ばくは体外に放射性物質が出るまで被ばくを受け続けます。したがって、放射性物質を体内にとりこまないこと、体内から早く排出することが大切です。

放射性物質が皮膚や衣服、住居や土地に付着した状態を汚染といいます。付着した放射性物質がとり除かれるまで、人体に影響をあたえます。汚染された土や樹木の表面の放射性物質をとり除く除染作業を行うことで、放射線量を低減することにつながります。

〈東京書籍3　283ページ〉

佐藤　両方の教科書とも、「自然の放射線」についても触れています。

（略）放射線には人工的につくられるもの（人工放射線）と、自然界に存在するもの（自然放射線）とがある。（略）自然放射線のおもな原因は、岩石などに微量にふくまれるウランや、大気に微量にふくまれるラドンなどである。わたしたちは年間2・1ミリシーベルト程度の自然放射線を受けている。

〈大日本図書3　288ページ〉

大日本図書のほうに二・一ミリシーベルトの内訳のグラフがあります。

呼吸により空気中から取り込むのが〇・四八ミリシーベルト、食物などから〇・九九ミリシーベルト、宇宙から降り注ぐのが〇・三ミリシーベルト、大地からが〇・三三ミリシーベルト。

池上　福島産の農作物や魚介類への風評被害がいまだに燻っていますけど、実は毎日口にしている食べ物からは、どこ産であろうが放射線が出ていることは、案外知らない。もちろん、健康被害を気にするレベルではありませんが。

佐藤　ちなみに、世界平均の二・四ミリシーベルトに比べると、日本人は平均以下です。ただし、それは自然放射線の話で、「総量」になると、世界平均の倍近くになるのです。さきほど出てきた、レントゲンなどによる「医療被曝」が突出しているから。

池上　日本では、健康診断も含めて、レントゲンを撮るのは当たり前。歯医者さんでも、「ではX線写真を撮らせてください」と普通に言われるでしょう。でも、世界では当たり前ではないのです。照射量は、CTスキャン一回で、一〇ミリシーベルトを超えることもあります。ただし、これらについ

●一人あたりの自然放射線のうちわけ（日本）

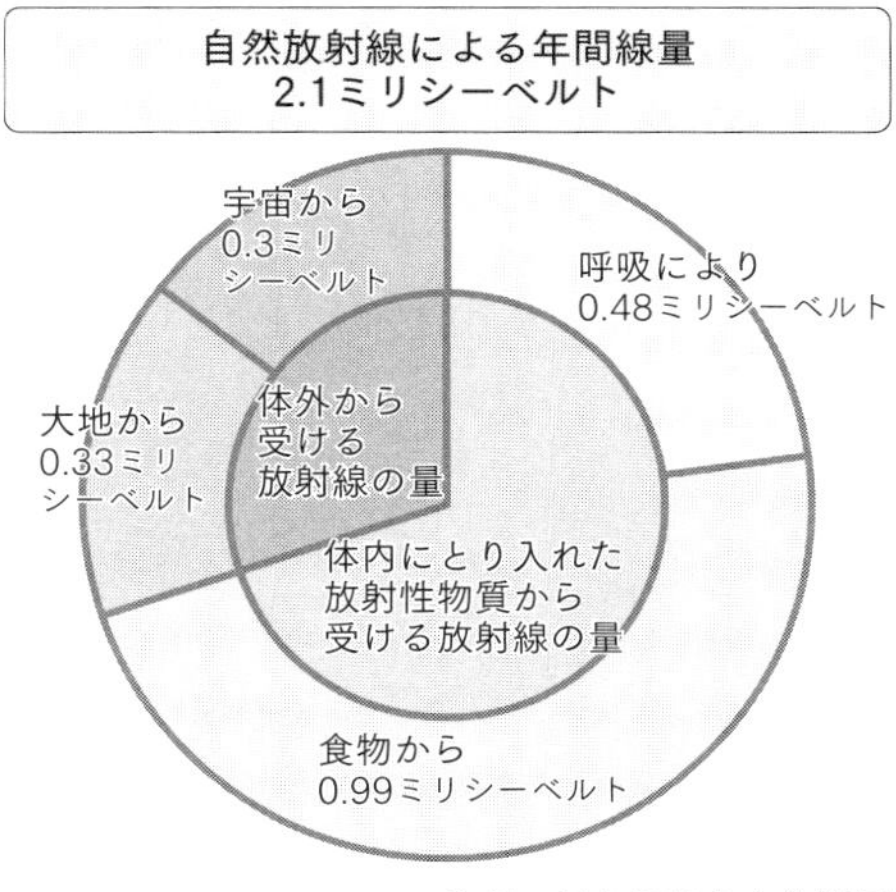

参考：日本原子力文化財団

ても、がん治療のために大量の放射線照射を行うようなケースを除き、人体への悪影響を心配する被曝量ではありません。

私たちは「星の子ども」。そのココロは？

佐藤　中学三年では、地上のよしなしごとを離れて、宇宙についても学びます。それにしても、見開きの「すばる望遠鏡が撮影したアンドロメダ銀河」の写真〈大日本図書3　198〜199ページ〉とか、燃え盛る太陽を輪切りにしたイラスト、一直線に並ぶ太陽系の惑星なども、大判のカラーだと迫力を感じますね。（笑）

池上　昔はその惑星たちの端っこにいた冥王星の姿が見えないのは、少し寂しい気もします。（笑）

めい王星は、最近まで9番目の惑星とされてきたが、太陽系についての研究が進んだ結果、2006年に惑星の定義が定められ、太陽系外縁天体とよばれるグループに改めて分類された。太陽系外縁天体の中で大きなものは、めい王星型天体とよばれる。

〈東京書籍3　185ページ〉

佐藤　他の八つの惑星とは明らかに違う、細長い楕円軌道で回っているし、以前から冥王星を惑星と位置付けることには、クエスチョンマークが付いていました。誰かのノンフィクションで読んだのですが、アメリカ人が発見した星だというので、「降格」が遅れたのだそうです。

池上 アメリカが、惑星から外すことに抵抗したんですね。

佐藤 彼らが発見した唯一の「惑星」だったから。こういう話は、教科書には載りません。（笑）

池上 太陽は自分で「輝く」ことのできる恒星で、そのまわりを公転する「水・金・地・火・木……」が惑星、さらにその惑星のまわりを公転する月のような衛星。このあたりは知識があると思うのですが、天体はほかにもあります。

火星と木星の軌道の間には、岩石でできた小惑星があり、海王星の外側の太陽系には、氷でおおわれた太陽系外縁天体がある。小惑星の中には、隕石となって地球に落ちてくるものもある。（略）すい星は氷と細かなちりでできており、太陽のまわりを細長い楕円軌道で回るものが多い。太陽に近づくと温度が上がって氷がとけ、蒸発した気体とちりの尾をなびかせるように見え、そのすがたからほうき星ともよばれる。おもにすい星から放出されたちりが地球の大気とぶつかって光る現象が流星である。

〈大日本図書3　242ページ〉

あまり知られていなかった「小惑星」という存在を一躍有名にしたのが、「イトカワ」です。

宇宙航空研究開発機構（ＪＡＸＡ）では宇宙に関するさまざまな研究が行われている。２００３年５月に、ＪＡＸＡの研究機関である宇宙科学研究所が小惑星探査機「はやぶさ」を小惑星「イトカワ」に向けて打ち上げた。
「はやぶさ」のカプセルは２０１０年６月に帰還した。カプセルの内部に、電子顕微鏡でなければ確認できない０・０１㎜以下のカンラン石やキ石など極微小な粒子が１５００個見つかり、これらが小惑星「イトカワ」に由来することがわかった。（略）これらのサンプルから、地球ができたころのことなどが研究されている。

〈大日本図書1　215ページ〉

その後、二〇一四年には後継機の「はやぶさ2」が打ち上げられ、小惑星リュウグウへのタッチダウンに成功しました。二〇二〇年末に地球に帰還する予定になっています。

佐藤　今度も、「未知の何か」を持ち帰るのでしょうか。それにしても、星については、科学を語っていてもだんだんロマンチックになってくるから不思議です。（笑）

池上　そうですね。教科書には、ロマンをかき立てるコラムがいくつか載っています。例えば、「太陽系の外に第二の地球は見つかるか」と題したもの。

佐藤　そう。これほど広い宇宙の中で、地球以外に本当に生命体はいないのかと問いかけ、こう答えます。

この疑問に答えるためには、まず、安定したエネルギーを供給する恒星のまわりを回る天体のうち、かたい岩石質の表面をもち、恒星からの距離が近すぎたり遠すぎたりせず、表面に生命の存在に不可欠な水が液体で存在するものを発見する必要があります。

（略）太陽以外の恒星のまわりを回る惑星は、これまでに約２０００個も見つかっています。表面に液体の水をもつ地球のような惑星も間もなく見つかるでしょう。もしかすると、第二の地球に住む知的生命体からのメッセージをとらえるときがやってくるかもしれません。

〈東京書籍３　189ページ〉

佐藤　かなり「宇宙人はいる」説に傾いているような書き方ですね。（笑）

池上　そうやって興味を抱かせながら、生命体にとって必要な地質とか水とかを語っているわけです。別のコラムの「私たちは『星の子ども』」という話には、ちょっと感動を覚えました。

爆発は終わりではなく始まり

実は、地球にある全ての元素は宇宙でつくられたのです。これらの元素は、恒星の中心部や、恒星がその一生を終えるときに起こる大爆発（超新星爆発）でつくられて、宇宙空間にまき散らされます。そして、そのときにまき散らされたさまざまな元素をふくむガスやちりを材料にして、新し

い恒星や惑星がうまれるのです。宇宙は、約１３８億年前に誕生したと考えられていて、太陽を中心とする太陽系は、約46億年前に宇宙をただようガスやちりから誕生したと考えられています。ということは、私たちのからだをつくっている元素は、いちどはどこかの星の中にあったことになります。私たちは「星の子ども」なのです。

〈東京書籍３　221ページ〉

佐藤　どうですか？　超新星爆発の「残骸」が、地球という天体のもとになっただけでなく、自分たちの体も形づくっていた。宇宙と自分たちのつながりをそういうふうに理解すると、夜空を見上げる気持ちも変わるのではないでしょうか。

池上　そうですよね。宇宙ができたのは、太陽系が誕生するはるか前。そこで、幾多の星ができては爆発しを繰り返す中で、ある時まき散らされたものが集まって、太陽系ができた。つまり、「廃品回収」によって太陽系も、地球も、我々の体もできたのだ、ということなのです。

私がこの話に感動するのは、仏教徒だから、というのもあります。輪廻転生の考え方にぴったりはまるのです。死んだ後に何かの生き物に生まれ変わる、というのは科学的に考えられないのだけれど、私の体が火葬されれば、いろんな元素が大気圏にガスとなって出ていくでしょう。やがてそれが、何十億年後かわからないけれど、どこかの星の材料になったり、もしかすると生命体の一部に取り込まれているのかもしれない。

佐藤　その中でサットヴァカルマ（有情の業）によって風が吹いてきて宇宙ができるという考え方どおりですよね。『阿毘達磨倶舎論《あびだつまくしゃろん》』にあるような。すなわち宇宙は有情（心の動きを持つもの）の因果関係でできているというインド上座部仏教の考え方です。

池上　ですから、こういう宇宙物理学をはじめ、科学がどれだけ進んでも、仏教の考え方とは矛盾しないのです。

佐藤　「あらゆるものが循環している」と考える点で、ある意味、仏教と古代ギリシャの世界は似たところがあります。それに対して、ユダヤ教、キリスト教、イスラム教は、「始点があって終点がある」と捉えるわけです。

理科を生かせるこんな仕事

池上　ところで、「理系離れ」を意識しているのか、「理科で習ったことを生かす、こんな仕事がありますよ」という話が随所に出てくるのも、今の教科書の特徴です。例えば、気象予報士。ＮＨＫニュースの天気予報などを担当した菊池真以さんが、次のように語ります。

気象予報士は、さまざまな気象データをあつかいます。全国に約１３００地点ある地域気象観測システム（アメダス）や気象衛星で観測した上空のデータ、そして気象庁のスーパーコンピュータが計算した予測データなどです。こうした数多くのデータをもとに天気予報をつくっていきます。

気象予報士がよく使うデータの中には、気象衛星で観測した雲のようすや、地上天気図、高層天気図（略）などがあります。どれも中学校で学習する内容を基本にして見ることができるものです。

〈東京書籍２　202ページ〉

気象予報士は誰でも知っているのですが、中にはこんな仕事もありました。

この章に出てくる絶滅した生物の復元図は、サイエンスイラストレーターの菊谷詩子さんがかいたイラストです。

（略）絶滅した生物のイラストをかく場合、観察の対象は化石や復元骨格になります。しかしそれらを観察するだけでは、その生物の毛の色や長さ、歩き方などはわかりません。そこで菊谷さんは、たくさんの研究論文を調べ、研究者に相談し、現生の生物のからだのつくりなども参考に、科学的に根拠のあるイラストに仕上げていきます。

〈東京書籍２　141ページ〉

佐藤　言われてみれば、絶滅した生物も、イラストのおかげでその暮らしぶりなどがイメージできるわけですね。さきほどの天体のイラストも、その道のプロが描くから、あれだけ迫力のあるものになる。中学の教科書がこれだけ大判でカラフルになりましたから、イラストレーターも仕事が増えたの

ではないでしょうか。（笑）

上野動物園動物解説員の小泉祐里さんの「ゾウの『本当の姿』を知っていますか？」という話は、子どもを動物園に連れて行った時などに役立つかもしれません。

ゾウに向き合ったら、まず鼻先に注目してみてください。（略）その動きを追うと、ゾウたちは絶えず鼻先を地面や周囲のものに向け、においを確認しています。そして食べられるものを見つけると、先端の突起を使い、落ち葉1枚でも器用につまみ上げます。（略）さらに、なかまのそばへ行くと相手のからだに鼻をつけ丹念ににおいをかぎます。ゾウにとっての鼻は、ヒトにとっての「手」のような役割もにない、コミュニケーションの道具でもあることがわかります。

〈東京書籍2　145ページ〉

池上　同じ教科書には、「命をつなぐ心臓血管手術」という見開きのコラムがあります。

心臓は筋肉でできており、拍動によって全身に血液を送り出しています。ほかの器官と同様、心臓も血液が循環しないとはたらくことができません。心臓の筋肉に養分や酸素を送る血管を冠動脈（略）といいます。この冠動脈に関する病気の治療に関して、日本は世界トップレベルにあります。これを牽引し、とても多くの命を救ってきたのが、心臓外科医師の須磨久善博士です。

――というリードに続いて、病気を治療する冠動脈バイパス手術には、かつては足などから採取した静脈が使われていたものの、静脈は時間とともに傷んでしまうという課題があったため、新たな動脈を見つけるのが急務だった。須磨博士は、胃の動脈に着目して、それを冠動脈につなぐという画期的な術式を発案し、世界で初めて成功を収めた――と説明があり、最後に「須磨博士からみなさんへのメッセージ」が載っています。

〈東京書籍2　146ページ〉

私は中学生のころに医者を志し、医学部を卒業するときには「心臓外科医師になろう」と決めていました。しかし心臓以外のことも学んでおきたいと考え、まずは胃や腸などを治療する消化器外科に進んだのです。そのときの経験があったので、「胃の動脈を使う」という方法を思いつき、手術を成功させることができました。みなさんも、自分の夢を大切にして、好奇心をもっていろいろなことに積極的にとり組んでみてください。

〈東京書籍2　147ページ〉

佐藤　「宇宙飛行士になるには」という超実践的なコラムもありますよ。

（略）これまでの宇宙飛行士の選抜では、書類審査、英語試験、一般教養、自然科学などの筆記試験、面接試験、精神・心理学的な検査などを行い、総合的な評価によって宇宙飛行士候補者が選ばれてきた。

宇宙飛行士候補者は、選定されたあと、基礎訓練を受ける。宇宙飛行士として必要な基本的知識修得をはじめとして、宇宙科学や宇宙医学の講義、ＩＳＳなどの宇宙機システムに関する講義と基本操作訓練、英語やロシア語の語学訓練、飛行機操縦訓練、体力訓練といった内容である。その上で宇宙機システム・実験装置の操作や宇宙での作業訓練が行われる。

〈大日本図書３　249ページ〉

ＩＳＳとは、国際宇宙ステーションの略称ですが、この文章を読んで「絶対に宇宙飛行士になる」と考える中学生は、本物でしょう。（笑）

池上　そうですね。相当ハードルが高いことは、いやというほど分かりますから。（笑）

危険から身を守るための教育も

佐藤　地理のところで、ハザードマップの話をしました。やはり東日本大震災やたび重なる水害の発生などを反映しているのでしょう、理科の教科書でも災害やそれから身を守る方法などについて、独自の項目を立てて述べています。

「真っ黒な雲が近づいてきた。」、「雷の音が聞こえてきた。」、「急に冷たい風がふいてきた。」、こんな変化を感じたら、それは積乱雲が近づいているしるしです。通学路のそばを流れる小川、グランドや広場など、ふだんは何でもない場所が、突然の大雨や雷で命を落とす場所に変わることがあります。「自分だけはだいじょうぶ」「にげるのははずかしい」といった気持ちは捨ててすぐに危険な場所からはなれ、安全な場所ににげましょう。

〈東京書籍３　263ページ〉

池上　中学生の時から、その感覚を身につけて忘れるな、ということなのでしょう。「地名が表す地形や土地の特徴」という、やはりどちらかといえば地理寄りの話も載っていますが、とても実用的です。

沼、池、潟、洲、川などがつく地名は、もともと低地で軟弱な土地ではあっても、水が豊富で生物がすみやすい土地だったことを示しています。また、谷、沢、窪、久保などは谷の地形を表す地名です。周囲より低い土地で、大雨のときに雨水が集まってくる可能性があります。

「カマ」と読む釜や鎌などは、古い言葉で津波に侵食された地形を表しているといわれています。

「スカ」と読む須賀なども水流により侵食された地形を意味し、海に近い場所では津波におそわれ

てきた場所である可能性があります。

〈東京書籍3　263ページ〉

例えば「落合」というのは、川と川がぶつかるところ。そういうふうに、地名というのは「名が体を表して」いることが非常に多いわけです。

佐藤　だから、地名には重要な情報があるんです。例えば、地名に「沼」がついていたら、そこに住む人は大雨の際の増水に注意する必要があるでしょう。そういう意味では、防災にとってとても重要な情報で、その手の地名を勝手にいじるのは、やはり問題だと感じます。

池上　その通りです。ところが、あえて残そうとすると、住民の反対運動が起こったりする。

佐藤　「あそこは危ない土地だ」ということで、地価が下がるかもしれないから。

池上　今の本文の後に地図が載っていて、こんな説明書きがあります。

東京都千代田区の特許庁のあたりは、明治の中ごろまで溜池という池でした。現在ではうめ立てられていますが、「溜池」という地名にその

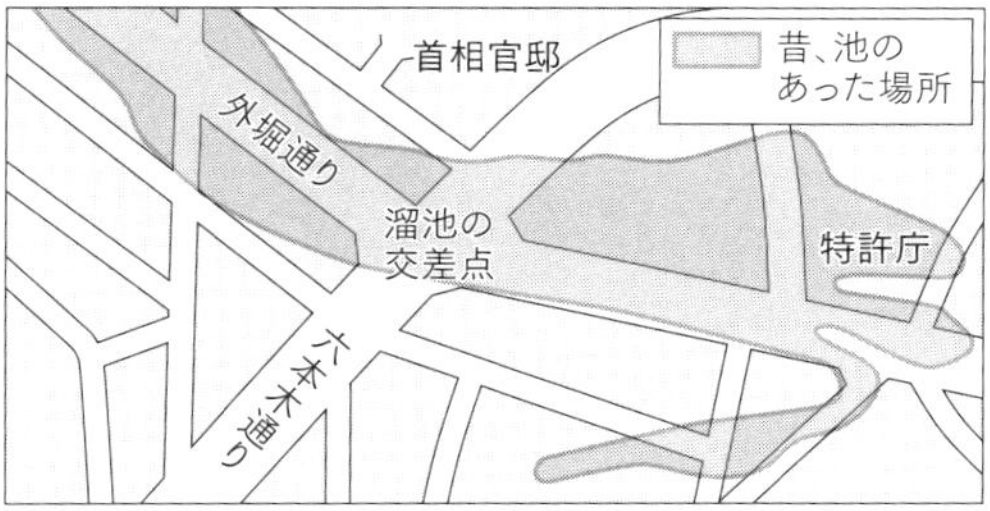

名残が見られます。

〈東京書籍3　263ページ〉

埋め立てても低地に変わりはないので、溜池交差点付近は、周辺の雨水が流れ込みやすいのです。ただし、住宅地ではありませんから、「なぜわざわざ教科書に載せるのだ」という抗議はこないでしょう（笑）。同じ東京には、住宅密集地域にも「好例」がいくつもあるけれど、さすがに「ここは、昔は沼地で……」とは書きにくいかもしれません。

ちなみに、東京都心には、溜池以外にも大雨で「水没」の危険性のあるスポットがいくつかあって、その中には、四ツ谷駅周辺、渋谷駅前、日比谷交差点など「谷」のつく場所が含まれています。

理科にも出てくる「持続可能な社会」

佐藤　超大型台風の発生やゲリラ豪雨の頻発といった近年の気象災害の増加に一役買っているといわれる地球温暖化についても、両方の教科書に出てきます。これも、あらためておさらいしておきましょう。

近年、地球温暖化が進んでいるという現象を説明し、この地球温暖化の原因が社会の工業化にあることも指摘したうえで……。

地球温暖化が、私たちの生活や生態系にどのような影響をおよぼすかは、まだはっきりとはわかっていません。しかし、気温の上昇によって、氷河や極地の氷がとけたり、海水が膨張したりして、標高の低い地域は水没する危険があります。また、熱帯低気圧が予想をこえて強大な勢力になったり、地域の降水量に大きなかたよりが出たりするなどの異常気象が発生し、農業などの産業にも打撃をあたえる可能性が指摘されています。さらに、山岳地帯などの寒い地域に生息する生物への影響も懸念されています。

〈東京書籍3　251ページ〉

池上　その温暖化問題も踏まえ、中学三年間の理科の勉強を締めくくる「終章」には、公民の教科書にもあった「持続可能な社会」が出てきます。

佐藤　背景に、「地球環境の今」についての、次のような問題意識があるわけですね。

地球は太陽系の惑星として約46億年前に誕生し、約40億年前に生物が生まれた。生物はさまざまな環境で、数千万ともいわれるきわめて多様な生物種に進化し、みごとなバランスの生態系をつくりあげている。その生態系の一員である人類の生活は、科学技術の進歩によって豊かになってきた。しかし、これまできわめて長い時間をかけてつくられてきた地球の自然環境が、ここ100年ほど

で急激に変化している。

〈東京書籍3　285ページ〉

池上　やはり東京書籍の教科書に、とても考えさせられる「1つしかない地球」というコラムが載っています。「フードマイレージ」、ご存知でしょうか?

弁当はエネルギーのかたまり

市販されている弁当は、私たちの食卓に届くまでにどのくらいの距離を移動してきているのでしょうか。弁当の食材は、それぞれの生産地から工場まで運ばれ、できあがった弁当は工場からお店まで運ばれます。私たちはお店で弁当を購入し、家まで運びます。このような考え方で、「食料輸送量×輸送距離」(単位はt・km)で表される指標がフードマイレージです。フードマイレージは輸送にかかるエネルギーの大きさを表します。日本の総フードマイレージは約9000億t・kmと試算されていて、これは世界一大きな数値です。

〈東京書籍3　294ページ〉

佐藤　大日本図書の教科書は、最後の部分で義務教育を終える中学生たちに向かって、こう呼びかけます。

現代の生活は大量のエネルギーと資源を使った技術で成り立っており、つねに新しい課題が生まれている。それを解決するためには、多様な生物がすむ地球環境を壊すことがない安全な科学技術を、さらに発展させていく必要がある。そのためにも、わたしたちひとりひとりが、課題解決にあたって、正しい判断をするための知識をもつことがたいせつである。

人類を育んでくれた地球。これからも、理科の学習を通して学んできたことを各自の中でいっそうふくらませ、かけがえのない地球の将来のために活用していこう。

〈大日本図書3　294ページ〉

池上　やはり、必要な知識、教養がないと、何も始まらないというわけです。

第5章

数学

コトの真偽を見極めるための土台

二人が読んだのは——
◉啓林館「未来へひろがる　数学1～3」〔2015年2月27日検定済〕
◉東京書籍「新編 新しい数学1～3」〔同〕

「なぜ学ぶのか?」の説明責任を果たす

池上　のっけから驚くのですが、今の中学の数学の教科書は、こんな〝プロローグ〟から始まっています。

これまでひき算をするとき
小さな数から大きな数はひけませんでした。
中学校ではひき算の答えがいつでも出せるように
数の世界をひろげます。
では、そのひろがった世界では、かけ算やわり算はどうなるのでしょう。

一方が2倍、3倍、……になると
もう一方も2倍、3倍、……になる。
それが比例でした。
でも、世の中には、もっといろいろな変化のしかたがあります。

平面で考えた2本の直線が平行であることを

空間で考えたらどうなるのでしょうか。

小学校ではおもに数字を用いた式を使いました。
中学校では文字を用いた式を学びます。
文字を用いた式により、表現の手段もひろがるのです。

このようにして、数学の世界はどんどんひろがっていきます。
その世界の探検家になったつもりで
数学の学習を進めてみましょう。

〈東京書籍1〉

「本論」に入る前に「小学校の算数とどこが違うのか」について説明しているんですね。短い文章の中に、自分たちはこれからこういう勉強をするんだ、というのが凝縮されているでしょう。わくわく感もあります。何でもないことのようで、最初にこうした意識付けをするのとしないのとでは、その後の成果に大きな差が出ると思うのです。

佐藤　小学校で学んだこととの連続性を述べながら、しかし、例えば「平面から空間」へ、「数字から文字へ」というように、単なる延長線上にはない世界に漕ぎ出していくのですよ、と導いている。

おっしゃるように、特にフェーズの変わる物事にチャレンジする時に、非常に重要かつ、うまいアナウンスだと感じます。こういう動機付けは、会社の会議やプレゼンなどにも応用がきくのではないでしょうか。

池上　私たちの頃は、少なくとも教科書に「何で負の数を勉強するの？」といった問いに対する答えはなくて、「とにかく覚えなさい」でした。今は、全編にわたって、最低限の説明責任を果たしている。（笑）

前にも言いましたが、自分もこんなふうに教えてもらいたかった、とつくづく思います。

佐藤　読者の中にも、中学時代、数学で躓いたという人は少なくないでしょう。

池上　勉強する中身が難しいのに加えて、まだ「身近なもの」に感じられた国語や社会などに比べて、数学はある種〝浮世離れ〟したところがあるのです。複雑な図形だの連立方程式だのが、いったい何の役に立つんだ、と。

佐藤　今の中学生は、さらに高度なことを学ぶのも事実です。あくまで「物語」ですが、コラムでユークリッドの「原論（ストイケイア）」の話が出てくるくらい。

池上　確かに数学の教科書も、昔に比べて明らかにレベルが上がっていますよね。「自分たちの時代に中学でこんなこと習ったっけ？」と思うところが、数多く出てきます。

同時に、だからというのでもないのでしょうけれど、とにかく生活や社会の身近なところに結びつけつつ、「数学はこんなに役立つんだよ」「学ぶ意義があるんだよ」という話が、これでもかというくらい載っています。読んでいて飽きません。

佐藤 社会や理科と同じで、数学の教科書もそういう努力の跡がくっきり見えます。

池上 ここで難問の解き方を論じても仕方がないので、その「努力の跡」を中心に、中身をピックアップしてみるのがいいのではないでしょうか。

佐藤 賛成です。

一年生の最初に学ぶのが、「正負の数」。両方の教科書とも、富士山頂の三七七六mと伊豆小笠原海溝最深部のマイナス九七八〇mで、+と−を説明しています。

池上 前にも言ったように、教科書出版社は、ライバルが面白いことをすると真似しますから、こういうふうに、取り上げる例などが似てくるんですね。

東京書籍の教科書は、そのものズバリ、「正負の数を利用して、身のまわりの問題を考えてみよう」と題して、次のような問題を出します。

下の表は、イチロー選手が、その年に打ったヒットの本数を示したものです。2001年から2010年までについて、1年間のヒットの本数の平均を、小数第1位を四捨五入して求めなさい。

〈東京書籍1　47ページ〉

年	2001	2002	2003	2004	2005	2006	2007	2008	2009	2010
ヒット（本）	242	208	212	262	206	224	238	213	225	214

佐藤　問題の横には、「イチロー10年連続200安打」を伝える新聞記事が載っています。こういうライブ感のある例題が数学の教科書に載っていることは、かつてはありませんでした。

池上　他の教科同様、いろんなコラムもあって、中身が面白いんですよ。一年生の教科書で言えば、例えば東京書籍のほうに載っている「小町算」。

1、2、3、4、5、6、7、8、9の順に数字を並べ、数字と数字の間に＋、－、×、÷の記号を入れて、決まった数をつくる遊びを「小町算」といいます。

次の式の□に、＋、－、×、÷の記号を入れ、計算の結果が100になるようにしてみよう。

（1）$1+2\square 34-56+78+9=100$

（2）$12+3\square 4+5+6+7\square 8+9=100$

（3）$1+2\times 3\square 4\times 5\square 6+7+8\times 9=100$

（4）$-123-4+5\square 6\times 7\square 8+9=100$

〈東京書籍1　44ページ〉

いい頭の体操になります。傍らに小野小町の百人一首の絵札が載っているのですが、どうして小町算というのかは、書いてないですね。

一方、啓林館の教科書には、「『方程式』の由来」という読みものがありますよ。

古代中国の数学書に「九章算術」という書物があります。

これは、246題の選び抜かれた数学の問題とその答え、解き方が、9つの章に分けられて、紀元1世紀ごろまでにまとめられたものです。

この本は、問題の量と質のよさから、1000年以上にわたって、中国の中心的な算書（算数・数学を学ぶための書物）として用いられました。また、日本にも伝わり、江戸時代までの算数・数学に、大きな影響を残しました。

この本の第8章「方程」では、方程式の解き方がとり上げられています。この章の名前が、現在の「方程式」ということばの由来とされています。

〈啓林館1　90ページ〉

方程式の語源を初めて知りました。

佐藤　今スマホで調べたら、小町算の由来は、諸説あるようです。「小野小町のように美しい数式という意味」「小野小町の下に九十九夜通い続けた深草少将を偲んで」「はまってしまうとけっこうおもしろくて時間のたつのも忘れてしまうので、こんなものに没頭すると知らないうちにおばあさん（おじいさん）になってしまうぞという意味。小野小町の歌『花の色はうつりにけりないたづらに、我が身世にふるながめせしまに』から」。江戸時代の寛保年間（一七四三年頃）には既に知られていた――。ウィキペディア情報（https://ja.wikipedia.org/wiki/%E5%B0%8F%E7%94%BA%E7%AE%97）だとお断りしておきます。

池上　なるほど。真偽のほどはともかくとして面白いですね。

文字式でマジックの種を解明する

佐藤　啓林館の教科書には、「Ｍａｔｈ Ｎａｖｉブック」という別冊が付属しています。

池上　そういう工夫もしているわけですね。ただの付録に見えて、それもれっきとした文部科学省検定済教科書です。

佐藤　そこに「文字を用いた式により、表現の手段もひろがる」こんな例が載っています〈啓林館Ｍａｔｈ Ｎａｖｉブック１〉。まずは、マジックに付き合っていただきましょう。読者の方も実際にやってみてください。

どんな数でもかまいません
はじめに整数を１つ思いうかべてください
その数に５をたしてください
その答えを２倍してください
その答えから４をひいてください

その答えを2でわってください
その答えからはじめに思った数をひいてください

〈啓林館Math Navi ブック1　12ページ〉

これは「数当てマジック」と言って、最初にバラバラな数字を思い浮かべた人が何人いても、結果は同じになるのです。そんな不思議な現象を文字式で種明かしすると、以下のようになります。

はじめに整数を1つ思いうかべてください。	**n**
その数に5をたしてください。	**$n+5$**
その答えを2倍してください。	**$(n+5)\times 2=2n+10$**
その答えから4をひいてください。	**$2n+10-4=2n+6$**
その答えを2でわってください。	**$(2n+6)\div 2=n+3$**
その答えからはじめに思った数をひいてください。	**$n+3-n=3$**

nがなくなることから、はじめに思いうかべる数がどんな数でも、その結果はいつでも3になることがわかります。

〈啓林館Math Navi ブック1　13ページ〉

どうですか？　答えは「3」だったはずです。

池上　実に面白い。マジックのからくりを、文字式を使って〝見える化〟しました。そういう文字式から方程式に進むと、がぜん実用性が高まります。東京書籍の教科書では、「合唱コンクールにおける各クラスの交代時間」という舞台が設定されます。

来月、学校で合唱コンクールがあります。実行委員会のゆうとさんとさくらさんは、進行の案を考えることになりました。

Q　実行委員で話し合い、1クラスの発表の時間を15分間に決めました。9時ちょうどに1クラス目がはじまり、9クラス目の発表が、11時55分に終わるようにしたいと考えています。

交代の時間を等しくするとき、交代の時間は何分間にすればよいでしょうか。

（略）ゆうとさんとさくらさんは、それぞれ次のように考えて、交代の時間を求めました。

ゆうとさんの考え

$15 \times 9 = 135$

$175 - 135 = 40$

$40 \div 8 = 5$

答え　5分間

さくらさんの考え

$15 \times 9 + 8x = 175$

$8x = 175 - 135$

$8x = 40$

$x = 5$

答え　5分間

問①　ゆうとさんとさくらさんは、それぞれどのように考えて求めたのか、2人がつくった式をもとに説明しなさい。

〈東京書籍1　93〜94ページ〉

佐藤　さくらさんは、ゆうとさんと違って、xという文字を使って一次方程式をこしらえることで、

課題を初めから一つの式にしました。よくできました。（笑）

池上　教科書を比較してみるのも面白い。同じ「方程式の利用」で、啓林館のほうは、「一部がよごれて読めなくなったレシート」の謎解きに挑みます〈93〜95ページ〉。K―文具店のレシートは、次のようなものでした。

しおり　???円×3枚	**???円**
ブックカバー	**530円**
合計	**???円**
＊＊＊＊＊＊＊＊＊＊＊＊	
お預かり	**2000円**
おつり	**600円**

〈啓林館1　93ページ〉

ここで教科書は、「方程式を利用して、身のまわりの問題を解決しましょう」と呼びかけます。

今のレシートから復元したいのは、「しおり1枚の値段」です。それをxとすると、「出したお金－代金の合計＝おつり」という関係にあてはめて、「2000－(3x＋530)＝600」という方程式ができます。カッコの外し方、移項の仕方、大丈夫でしょうか。（笑）

$$2000 - (3x + 530) = 600$$
$$2000 - 3x - 530 = 600$$
$$-3x = 600 - 2000 + 530$$
$$-3x = -870$$
$$x = 290$$

〈啓林館1　94ページ〉

老婆心ながら、この場合「代金の合計＝出したお金－おつり」すなわち、「$3x + 530 = 2000 - 600$」という式にすることもできます。

というふうに学習は進んでいくわけですが、この調子で三年生までトレースすることはできません。（笑）

「社会とつながる」数学

佐藤　現実世界と数学とのかかわりを意識させるという点では、こんな話も出てきます。保険のアクチュアリーという職業について。

アクチュアリーとは

保険とは、多くの人が少しずつの保険料を納めて、事故や病気でお金が必要な人に、まとまった金額の保険金を支払うしくみです。一人一人から集める保険料はかならずしも同じではありませんが、どのようにして決められているのでしょうか。このときアクチュアリーが活躍します。

アクチュアリーは、保険や年金の料金をいくらにすればよいかを、統計や確率などの数学を用いて決定する専門家です。１００年の歴史をもつ国際資格で、おもに保険会社や銀行、官公庁などで活躍しています。

保険と数学

アクチュアリーは、一人一人から集める保険料を、どのように計算しているのでしょうか。

保険では、「支払う保険金の合計」と「集める保険料の合計」を同じにすることが基本です。したがって、単純に考えれば「支払う保険金の合計」を「保険に加入した人数」でわった金額を、保険料とすればよいことになります。

ところが、実はそう簡単なことではありません。たとえば、自動車保険では事故の件数は毎年変化し、支払った保険金の額も変化します。また、若い人や高齢者は事故を起こしやすく（略）、その分保険料を高くすることも考えられますが、年齢別の人口の構成も毎年変化します。このように、事故の件数や人口の構成が毎年変化しても、保険金の支払いに問題がないように、保険料を決めなければなりません。たとえば、例年より事故が増えるとしても、極端に増える可能性は小さく、少

し増える可能性は大きいなど、確率の考え方を用いて計算し、保険料を決めるのです。（略）

アクチュアリーは、事故の発生率（略）といったさまざまな数値をもとに、統計や確率などの数学を用いて、保険料を計算しています。このような数学が保険などの制度をささえ、わたしたちが安心して暮らすために役立っているのです。

〈東京書籍２　200〜201ページ〉

最近、「あなたに合った自動車保険」といったCMが増えました。かつては画一的だった保険料も、ずいぶんオーダーメードに近いかたちになっています。そうしたところに、事故の発生率予測などの精度の向上が、大いに貢献しているというわけです。

池上　自動車つながりで、「渋滞をなくすには？」というページも紹介しましょう〈東京書籍１　248〜251ページ〉。前段で、こんな説明があります。

車の渋滞によって発生するさまざまな無駄を金額で表すと、日本全体で年間12兆円にもなることが、国土交通省の調査で明らかになりました。これは、国の予算の約７分の１にも相当する巨大な額です。車の渋滞は、わたしたちの時間を無駄にするだけでなく、環境にもよくありません。たとえば車の平均の時速が40㎞から20㎞に下がった場合、CO_2の排出量は約40％も増えることが知られています。さらに、渋滞していると、前の車への追突事故の可能性も高くなります。このように、

渋滞と環境への悪影響、そして交通事故は密接に関係しているのです。

〈東京書籍1　248ページ〉

佐藤　社会や理科の教科書みたいですね。（笑）

池上　そうなのです。そして、実は「数学を使って渋滞を減らすことに役立てようとしている『渋滞学』という学問があります」と、こちらの興味を引く（笑）。その上で、車を玉に見立てた「渋滞のモデル」を、「自分の前が空いていれば進めて、前がつまっていれば動けない」という「規則」の設定の重要性などを織り込みながら、説明していきます。

佐藤　どうやったら渋滞が解消できるのでしょう？

池上　答えは、目の前の渋滞に対して、車間距離を空けて近づくこと。実際に高速道路での実験も行われ、「車の平均の速さを時速50km近くまで下げた状態で、車間距離を空けて近づいたところ、平均の速さは80km以上に回復し、確かに渋滞は解消された」そうです。

ところで、面白いのは、その話の後に出てくる、狭い出口に殺到する「人の渋滞」の話です。幅五〇cmの出口から五〇人が「脱出」する実験で、そのままの状態と、障害物として、直径二〇cmの円柱を出口から七五cm離して立てた場合を比較しました。

（略）一見この方法（注：柱を立てた場合）は人の流れを悪くしてしまうように思えるかもしれませ

んが、うまく柱を置く位置を選べば、流れがよくなることがわかりました。実際に柱を置いて実験してみたところ、全員が出口から退出するまでの時間が、平均で2秒も短くなりました。この時間は人数に比例するので、もっと大勢の人が出る場合はかなりの差になります。

それでは、なぜ柱のような障害物が流れをよくするのでしょうか。まず柱がない場合は、人が出口に一気に殺到しておたがいにぶつかりあい、出口で流れが悪くなりました。それに比べて、柱があった場合は出口への殺到がおさえられ、その結果、人どうしのぶつかりあいが少なくなり、かえって出口で流れがスムーズになることが実験からわかりました。このように、ちょっとしたくふうで、人の流れは大きく変わるのです。そしてこの結果は、数学やコンピューターを使っても確かめられています。

数学はもちろん渋滞だけでなく、さまざまな社会問題の解決に使える強力な道具です。みなさんも数学を使って社会で困っている問題を考えてみませんか。

〈東京書籍1　251ページ〉

「グラフにひそむ情報を読みとこう」というページも、とても役に立ちます。

たとえば、あなたがあるコンビニエンスストアで、ある商品を買ったとしましょう。あなたの行動は、店にどのようなデータをもたらすことになるでしょうか。

少なくとも、あなたの年齢や性別、買った時刻、同時に買った品物がデータとして記録可能です。このような情報を蓄積し、傾向をとらえることで、販売の戦略を立てているのです。
いっぽう、データを示して商品を宣伝することもあります。もちろん、うそのデータを示してはいけません。しかし、自社の商品を宣伝するため、データの見せ方にさまざまなくふうをしていることが少なくありません。わたしたちにはそれを見ぬく力が必要なのです。

〈東京書籍1　252ページ〉

なんと数学でも、リテラシーの重要性が語られているのです。

佐藤　その説明に使われているのは、棒グラフです。よくある、横向きの波線のスペースで途中が切れているもの。それだけ見ると、あたかも右肩上がりに見えるのだけれど。

池上　0から等間隔に目盛りを打ったものに置き換えると、「な～んだ、大して増えてないじゃないか」ということになる。

このように、データはその見せ方によって、異なった印象をあたえることがあります。わたしたちがデータを示すときにも、誤った印象をあたえないように、また、主張を誇張することのないようにしなければなりません。

〈東京書籍1　253ページ〉

池上　これはまさに、自戒の念をもって。（笑）

佐藤　いや、筆が滑らないようにしないといけません。（笑）

そうかと思うと、三年生の教科書には「黄金比」なんていうのまで載っています〈東京書籍３　244～245ページ〉。

池上　少し見ない間にここまで変わったのか、と本当にびっくりするのです。黄金比といえば、ミロのビーナス。

ギリシャ時代から、$1:\frac{1+\sqrt{5}}{2}$の比がもっとも調和のとれた比と考えられ、黄金比といわれています。

黄金比は、建築物や絵画、彫刻などに多く見いだすことができます。たとえば、ミロのビーナスでは、おへそから上と下の部分の長さの比が、およそ黄金比になっていることが知られています。

〈東京書籍３　245ページ〉

佐藤　本文では、新書判の本を使って説明されています。

❶（略）新書判の本の長方形では、（略）図のように、長方形から正方形を切り取った残りの長方形が、もとの長方形と相似になっています。

　このような関係にある長方形の縦と横の長さの比を求めてみよう。

（略）図の長方形で、短いほうの辺を縦、長いほうの辺を横とします。いま、縦の長さを1、横の長さをxとすると、対応する辺の比について、次の関係が成り立ちます。

$$1 : x = (x - 1) : 1 \quad \cdots\cdots ①$$

❷ ①の式から方程式をつくって解き、$x > 0$であることから、

$x = \dfrac{1+\sqrt{5}}{2}$ となることを確かめてみよう。

❸ $\sqrt{5} = 2.236$ として $\dfrac{1+\sqrt{5}}{2}$ の値を求め、上の図の長方形の縦と横の長さの比が、およそ5：

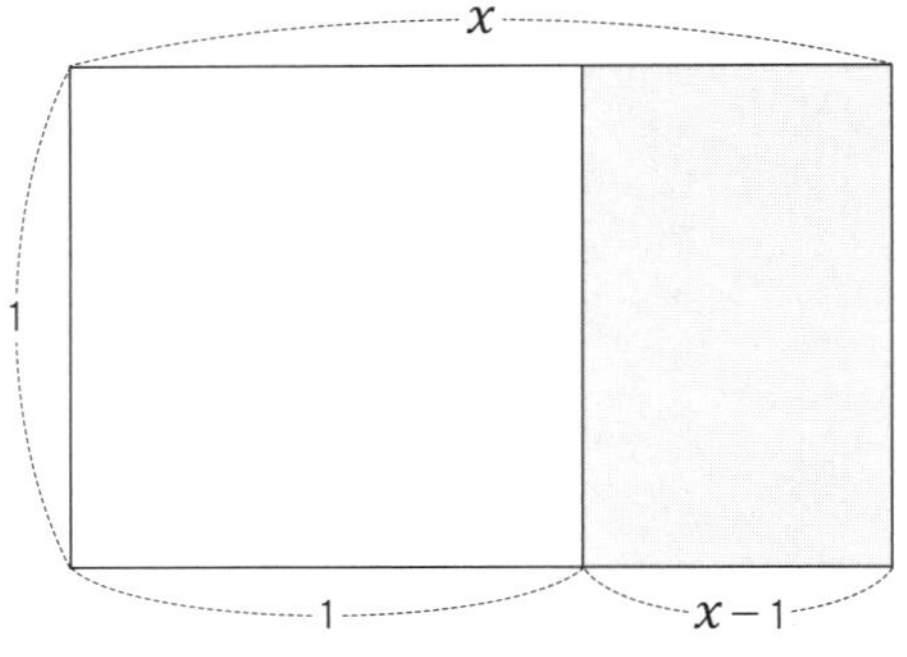

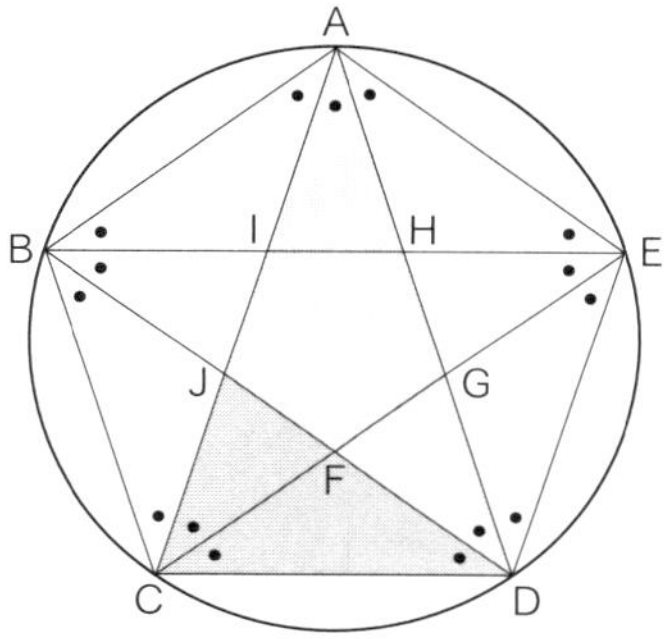

8になることを確かめてみよう。

黄金比は、正五角形のなかにも見いだすことができます。

上の図の正五角形で、・印をつけた角がすべて等しいことから、

△DJC∽△ACD

がいえます。

したがって、次の式が成り立ちます。

DJ：AC＝JC：CD

❹AC＝x、CD＝1とすると、前ページの①と同じ比例式ができることを確かめてみよう。

このことから、正五角形の1辺の長さと対角線の長さの比が、黄金比になっていることがわかります。

〈東京書籍3　244〜245ページ〉

ほぼ全文をあえて引用しました。今の説明を「なるほど、なるほど」とスラスラ読めた人は、もし

かしたら数学を勉強し直す必要はないかもしれません。

「消えた3・14」の真実

池上　一年生の教科書に戻るのですが、「πへの挑戦」というページがあります〈東京書籍1　262〜263ページ〉。まず出てくるのは、紀元前三世紀ごろ、アルキメデスの話です。

古代ギリシャの数学者アルキメデス（紀元前287年〜紀元前212年）は、次のような考えで、円周率を求めたといわれています。

円周は、その円の内部にある正多角形の周よりは長く、その円の外部にある正多角形の周よりは短い。

アルキメデスは、正九十六角形をつくり、πの値が

$$3\frac{10}{71} < \pi < 3\frac{1}{7}$$

であることを示しました。

$3\frac{10}{71}=3.14084\cdots$，$3\frac{1}{7}=3.14285\cdots$

となることから、アルキメデスは、小数点以下2けたまで正確に求めていたことがわかります。

〈東京書籍1　262ページ〉

「3・14」は、すでにアルキメデスが突き止めていた。その後、オランダのルドルフが、一生のほとんどを費やして小数点以下35けたまで求め、日本でも関孝和が小数点以下10けたまで、その弟子の建部賢弘が40けたまで正しい値を求めたことが説明されています。そして現代。

現代では、スーパーコンピューターを使って計算されています。

筑波大学の計算科学研究センターが、2009年に2兆5769億8037万けたまでの正しい値を求めることに成功しました。計算するのに、およそ74時間かかったそうです。

また、2011年には、日本人が自作のコンピューターでπの値の計算に挑戦し、およそ1年かけて、小数点以下10兆けたを達成しました。

πの値を求めることよりも、むしろ、コンピューターの性能を調べるために、このような膨大な計算をしています。

〈東京書籍1　263ページ〉

先人が生涯をかけて求めたものが、今は「コンピューターの性能を調べるため」というのは、ちょっと味気ない気もします。

余談ながら、一般レベルで使われる円周率は、3・14なのですが、これが小学校の教科書から「消えた」といって、大騒ぎになったことがありました。

佐藤 「ゆとり教育」が叩かれた時ですね。3・14が、簡略化されて「3」になった、と。

池上 あれは完全に嘘で、実際に「ゆとり世代」の人たちに聞けば、「いや、3・14で習いましたよ」と口を揃えます。なぜそんなことになったのかというと、小学校の学習指導要領の規定が変わって、最初に円の話が出てくる時に、まだ小数点を習っていない状況が生まれたんですね。だから、とりあえず円周率3で計算してみましょう、ということになった。でも、後でちゃんと3・14で教わるのです。

ところが、その前段のところに大手の進学塾が飛びついて、「ゆとり教育で公立学校に行くと円周率＝3で教えられますよ」と一大キャンペーンをやりました。

佐藤 私学に進学するために当校へ、と。彼らにとっては、またとないビジネスチャンスに映ったのでしょう。

池上 実際、塾や予備校が活況を呈したのは、そこからです。メディアなども、説明したような背景抜きに、「ゆとり教育には反対だ」という主張を大きく伝えるようになっていきました。

佐藤　円周率と「台形の公式」がクローズアップされました。

池上　そうです。台形の面積の求め方もわかるように教えていたのに、「台形の面積よ、さようなら」というキャンペーンに踊らされた。結果的に、「ゆとり教育が目指したものは何だったのか」「どこに問題があったのか」という検証なしに、なし崩し的に再び「詰め込み」の方向に振り子が振れたわけですね。

何度か話題になっていますが、今の中学の教科書は、かなり「難しく」なっています。もちろん、数学も例外ではありません。数式や図形そのものもさることながら、それを説明する文章を読み解くのに、けっこう骨が折れたりもします。文章の読解力が落ちると、数学の力も落ちてしまうのです。

佐藤　数学に関しては、中学生が学ぶ内容ということを考えると、全体的にハードルが高すぎる、というのが私の感想です。

例えば、一年生で「分布」の話が出てくるのですが、正規分布とかをきちんとやらずに相対度数を入れたりすると、消化不良を起こすのではないでしょうか。二年生で確率を持ってくるのも、いかにも中途半端です。もっと、順列、組み合わせと順を追ってやらないと。

特に三年生に入って感じるのは、図形、幾何が難しくなっている、ということです。例題で考えさせるのはいいのだけれど、けっこう骨のあるものが並んでいて、全部を授業でフォローできるのか、疑問です。

例えば、「円周角の定理」のところに、次のような設問があります。

問1　（略）図のように、$\angle OPA = \angle a$、$\angle OPB = \angle b$ とします。
$\angle APB$ のほかに、$\angle a$、$\angle b$ を使って表される角をいいなさい。

〈東京書籍3　161ページ〉

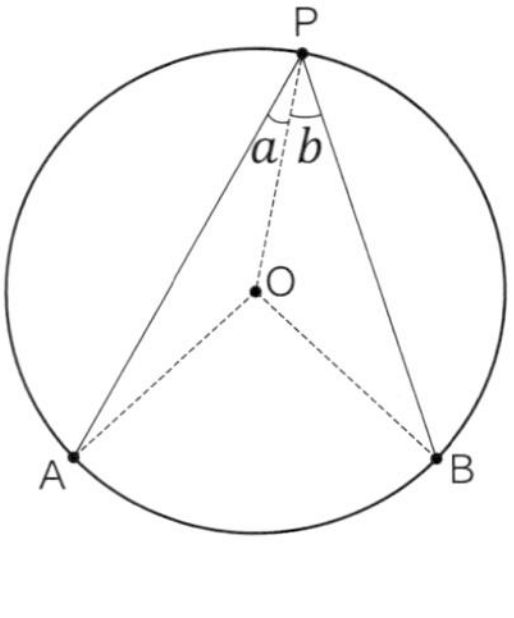

これ一問で、解くのに一五分はかかるでしょう。問題は「問10」までありますから、授業が何コマ必要になるのか。

池上　おっしゃるように、かなり未消化のままになりそうな気がしますね。

佐藤　消化できないものをなんとか取り込もうとしたら、暗記するしかありません。練習問題を使って、パターンを暗記する。定期試験も高校の入試問題にも、そういうパターン暗記で対応できるものが出題されるのではないでしょうか。この教科書に盛り込まれている内容を見る限り、そのように推測するしかないと思うのです。

教科書から教育の話になってしまいました。とはいえ、教科書自体が「暗記科目化」しているわけではありません。

池上　数学の教科書も、社会人の学び直しの教材としては、十分すぎるものだと思います。あえていえば、今の円周角の定理にしても、「そういえば習ったな」と記憶の錆を落とすだけでも、すっかり忘れている人たちとは差を付けられる。（笑）

佐藤　池上さんが、教科書に書かれている文章を理解する読解力が要るとおっしゃいましたが、裏を返せば、じっくり読むことによって、読解力の鍛錬にもなるはずです。

池上　そうですね。ＡＩに負けない読解力をものにするためにも、数学の教科書を熟読するのがいいと思います。

第6章

国語

中学の教科書は
現代文教材の「完成形」

二人が読んだのは――

◉光村図書「国語1〜3」［2015年3月6日検定済］

◉学校図書「中学校　国語1〜3」［同］

論理も感性も磨く、最も重要な「教科書」

佐藤　結論から言えば、今回この本で紹介する科目、教科書の中で、ビジネスパーソンにとって最も重要なのは、この国語です。

池上　数学のところでも言いましたけど、ちゃんとした読解力がないと、そのことがネックになって先に進めないということが起こりうるわけですね。知識も教養も、ベースになるのが国語力であることは、言うまでもないでしょう。

佐藤　そうです。同時に現代文に関しては、中学の国語教科書が「完成形」に近いというのも、大切なところだと思うのです。

　これには二つの意味があります。第一に、国語は他の教科と違って、教科書の内容が昔とそんなに大きく変わっていません。全体的に文学が減り、論理的な文章のウエートが高まっているのですが、「私たちの頃から様変わりした」という中身にはなっていないのです。

池上　「話す」「伝える」という要素が入ってきているところなども、「新しい」と言えるでしょう。でも、確かに一読して「今の中学生は、こんなことを勉強しているのか」という驚きを感じたりすることはないですよね。おっしゃるように、教えることの基本が変わっていないからだと思います。

佐藤　要するに、変える必要がないくらい中身が「成熟」しているということです。「完成形」のもう一つの意味は、その「教えること」が、中学三年まででほぼ〝打ち止め〟だということです。現代文は、数学や理科のように、高校に進学してさらに一段、高度なことを学ぶということには、なっていません。高校でやるのは、私に言わせれば、「つけ足し」で、学ぶ時間が不足気味の数学や英語にコマを振り向けたらどうかと感じるくらいです。

池上 つまり、日本語の読解力に関しては、義務教育レベルをマスターすれば「卒業」できる、と。

佐藤 私はそう思っています。大学の高等教育もそれで足りるし、社会に出ても十分耐えうるレベルです。ビジネスに必要などんな文書も読めるし、骨のある文学作品に臆することもないはず。だからこそ、この教科書を完璧に理解することが大切なのです。

池上 目の前の教科書に書かれていることが一つの到達点だという認識で臨めば、一層やる気が出るでしょう。

さて、一年から三年まであらためて読んでみましたが、さすがに教科書に採用されるだけあって、良質な文章が並んでいます。教材としてどんな「作品」が出てくるのか、参考までに、作者名の記載されているものを、光村図書の三年生の教科書から拾ってみました。

詩「春に」谷川俊太郎／小説「握手」井上ひさし／説明「月の起源を探る」小久保英一郎／情報『想いのリレー』に加わろう」藤代裕之／俳句・解説「俳句の可能性」宇多喜代子／論説「『批評』の言葉をためる」竹田青嗣／小説「高瀬舟」森鷗外／読書コラム「ためになるってどんなこと?」森絵都／詩「挨拶——原爆の写真によせて」石垣りん／小説「故郷」魯迅／古文「夏草——『おくの

ほそ道』から」松尾芭蕉／古文・解説「古典を心の中に」竹内正彦／論説「作られた『物語』を超えて」山極寿一／詩「初恋」島崎藤村／ノンフィクション「エルサルバドルの少女　ヘスース」長倉洋海／読書コラム「読書記録をつける」大江健三郎／論説「誰かの代わりに」鷲田清一／詩「わたしを束ねないで」新川和江

このうち井上ひさしの「握手」と魯迅の「故郷」は、学校図書の三年の教科書にも載っています。

佐藤　その「目次」を見ても分かるように、かつてに比べて小説は減っています。裏を返せば、さきほども言ったように、論説などの論理的な文章が増えている。明らかに、「論理的思考を鍛えなさい」というメッセージです。

池上　高校の話ですが、二〇二二年から二、三年生の「現代文」が、「論理国語」と「文学国語」の選択制になります。そうすると、みんな大学入試を睨んで「論理国語」を選択するので、結果的に高校生が文学作品を読まなくなるのではないか、という議論になっています。

確かに、論理的に理解する能力は大事だけれど、同時にいい文学に触れて感性を磨くというのも、特に若い頃には必要なことですから、なかなか悩ましい問題ではあります。まあ、そもそも、そういう分け方がありなのかというところには、疑問も感じるわけですが。

佐藤　私は分ける必要はないと思います。

中学の教科書に関して言えば、ボリュームが減ったとはいえ、とてもいい文学作品が並んでいます。

論理的なものとそれらとを「行き来」することで、さきほど言ったような国語力を、十分身につけることができるはずです。

池上　本当に、感動的な作品がいくつも載っています。なおかつ、教科書でそれらを読む意味は、ただ「感動した」で終わらないところにあります。

一つだけ例を挙げておきましょう。さきほどリストアップした中で、両方の教科書に掲載されている「握手」（井上ひさし）の抜粋です。

中学、高校時代を児童養護施設で過ごし、今は大人になって働いている「わたし」と、その施設の園長だったルロイ修道士が、レストランで食事をします。修道士は、故郷のカナダに帰るので、別れを言うために昔の生徒たちに会って回っているのだ、と言うのですが。

「おいしいですね、このオムレツは。」
ルロイ修道士も右の親指を立てた。私ははてなと心の中で首をかしげた。おいしいと言うわりにはルロイ修道士に食欲がない。ラグビーのボールを押し潰したようなかっこうのプレーンオムレツは、空気を入れればそのままグラウンドに持ち出せそうである。ルロイ修道士はナイフとフォークを動かしているだけで、オムレツをちっとも口へ運んではいないのだ。
「それよりも、私はあなたをぶったりはしませんでしたか。あなたにひどい仕打ちをしませんでし

たか。もし、していたなら、謝りたい。」

「一度だけ、ぶたれました。」

ルロイ修道士の、両手の人差し指をせわしく交差させ、打ちつけている姿が脳裏に浮かぶ。これは危険信号だった。この指の動きでルロイ修道士は、「お前は悪い子だ。」とどなっているのだ。そして次にはきっと平手打ちが飛ぶ。ルロイ修道士の平手打ちは痛かった。

「やはりぶちましたか。」

ルロイ修道士は悲しそうな表情になってナプキンを折り畳む。食事はもうおしまいなのだろうか。

〈学校図書3　50ページ〉

学校図書の教科書には、ページの下のほうに、文章に対応した「留意点」が載っています。この抜粋部分に対応するものは二つあって、一つ目は次のような問いかけです。

●「心の中で首をかしげた。」とあるが、なぜ態度に出すことができなかったのか、考えよう。

〈学校図書3　50ページ〉

ルロイ修道士は、この後、ほどなくしてこの世を去ります。レストランで会った時には、「体中が悪い腫瘍の巣になっていた」ことを「わたし」は葬式で知るのですが、何らかの変調をきたしているのを初めて悟ったのが、このシーンだったわけですね。そういう時に、人間はどういうふうに振る舞うのか？

もう一つは、ルロイ修道士の二つ目の発言の意図を問うものです。

●「それよりも」とあって、ルロイは話題を急に変えている。その理由を考えてみよう。

〈学校図書3　50ページ〉

「わたし」が自分の体調に気づいたかもしれない、という思いがそうさせたとも取れます。

ただし、ここには紙数の都合で一部を抜き出していますが、当然のことながらこの短編作品の良さは、初めから読まないと分かりません。今の二つの問いにしても、最初から読み進めて、特にルロイ修道士のバックグラウンドを理解していると、別の「答え」が導かれるかもしれません。

佐藤　終わりまで全部読んで振り返ると、また違ったりする。それが文学の深さ、面白さです。

池上　そうなのです。そういうことに気づくことができるのも、問いに答えたりしながら、「考えて読む」からこそ。文学作品にも論説などにも、普通の書物と違い、教科書には必ず最後に「課題」が載っています。これに真剣に取り組むことで、書かれている文章に対する理解度は深まるし、それを活用した応用もきくようになるのです。

佐藤　それは、さきほど言った「教科書の完璧な理解」のために、必要不可欠な作業です。

編集部は、著者に何を求めるか

池上 「論理的な文章」にも、すばらしい作品が目白押しです。例えば「月の起源を探る」という天文学者の小久保英一郎さんの文章を読むと、理科の教科書を読むよりも月に詳しくなれます。(笑)

小久保さんの説明によると、月の惑星すなわち地球に対する質量は、太陽系の他の衛星に比べて、とてつもなく大きい。他の衛星が、最大でも惑星質量の約三千分の一に過ぎないのに対して、月のそれは八十一分の一もあって、太陽系最大なのだそうです。

佐藤 地球の上空を、そんなに「重い」ものが回っているわけですね。

池上 しかも、普通の天体だと、中心部分に全質量の二〇~三〇%を占める核があるのに、月はそれが三%以下で、大半が岩石。そんな前振りをした上で、「起源」を語ります。

親子か兄弟か、それとも他人か

月の探査により、その特徴が明らかになるずっと前から、人々はさまざまな仮説を立て、月の起源を説明しようと試みてきた。主な古典的仮説には、「分裂説」「共成長説」「捕獲説」の三つがある(略)。

分裂説は、形成されたばかりの地球が高速で自転することで、地球の一部がちぎれ、月になったというものだ。地球から月が生まれるので「親子説」ともよばれる。共成長説は、地球と月が初めから惑星と衛星として形成されたという説だ。これは、生まれたときから共に成長するため「兄弟説」ともよばれる。捕獲説は、別の場所で形成された月が、地球の近くを通ったとき、重力の作用で捕獲されたとするものだ。月が地球とは関係のない所で生まれたということで、「他人説」ともよばれる。

〈光村図書3　46ページ〉

明快な文章で語られることもあって、どれもリアリティーがありそうに思えるのですが、残念ながら「現在、これらの説はいずれもほぼ否定され」ました。代わって有力視されているのが、アメリカの研究者が提唱した、地球への巨大天体の衝突が起源になったという「巨大衝突説」。それも、近年まで希望的仮説に過ぎなかったのですが、コンピューターシミュレーションによってその検証が進み、仮説を裏付ける成果が得られました。

月を作る実験

（略）

次に、巨大衝突によってまき散らされた月材料物質から、月が形成されるかどうかの実験が行われた。（略）筆者らの実験により、巨大衝突でまき散らされた岩石の粒子からは、確かに月質量程度の衛星が一つ、形成されることがわかった。驚いたことに、月の形成にかかる時間は、一か月か

ら一年という、天文学的にはとても短い時間であった。最短で見積もった場合、図らずも一月（時間）で一月（個数）ができるのである。また、生まれたばかりの月は、当初、地球半径の約四倍の所にあったこともわかった。距離でいえば現在の十五分の一、見た目でいえば今より二百倍以上も大きな月が、空に浮かんでいたことになる。誰も見るものはなかったが、さぞ壮大な眺めだったことだろう。

〈光村図書3　48〜49ページ〉

この文章に対する「学習」では、「説明の順序」について、次のように補足しています。

専門的な内容を説明する文章などで、複数の事例や仮説を説明する場合、どのような順序で説明していくかによって、わかりやすさや説得力に違いが出る。文章を読むときには、なぜ、その順序で説明されているのか、説明の展開のしかたを考えながら読むと、内容が捉えやすくなる。また、小見出しや、まとまりの初めの文などに着目すると、説明の展開が捉えやすい。

〈光村図書3　51ページ〉

佐藤　すでに否定された古典的仮説を分かりやすく説明することにも、ちゃんと意味があった。

池上　そうです。そして、今の指摘を裏返すと、「説明が必要な文章は、話の順序をよく考えて書きましょう」ということになるのです。

佐藤　そうしたことを意識するかしないかで、読む人への伝わり方は違ってきます。余談ながら、世の中には物事をはっきりさせないために、あえて時系列をバラバラにするような文書の出回ることがありますから、注意しなくてはなりません。(笑)

公民で、「社説の読み比べ」の話が出てきましたが、国語にも「新聞の社説を比較して読もう」というページがあります〈光村図書3　124〜126ページ〉。

池上　中学の国語でもメディアリテラシーを教えるべし、と学習指導要領に明記されているのです。公民の教科書が、原子力発電をめぐって正反対の主張の紙面を並べていたのに対して、ここで取り上げられているのは、「和食」のユネスコ無形文化遺産への登録に関してということで、論調自体が鋭く対立するような内容ではありませんね。

佐藤　国語らしくというか、論理の展開や、表現、使われている語句の特徴などの違いを考察するよう、促しています。

池上　メディアリテラシーに関連するものでは、ジャーナリストの藤代裕之さんの、「『想いのリレー』に加わろう」という一文も載っています。冒頭から読ませます。

「画面を中継すれば助かる人がいるのでは。」

大きな被害をもたらした東日本大震災の発生直後、広島県に住む中学校二年生が携帯電話を使っ

て自宅のテレビ画面に映るニュースを撮影し、動画サイトで中継し始めたのです。私もその中継を見た一人です。移動している最中で、あいにくテレビもラジオも近くになく、情報が入ってこなかったときでした。

パソコンの画面に映し出される災害の様子に衝撃を受けながら、なぜ中継が続いているのだろうと不思議に思いました。テレビ画面を勝手に中継することは著作権の侵害に当たり、いつもならすぐに停止してしまうはず。その後取材してみると、動画サイトの運営会社がテレビ局に連絡を取り、特別に許可を得ていたことがわかりました。（略）

中学生のこの行動がきっかけとなり、動画サイトのニュース映像は、テレビを見ることができずに困っていた人だけでなく、海を越えて世界中の人々にも伝わりました。（略）

中学生や被災地の人々がこうした情報を発信できたのは、ソーシャルメディアとよばれるものが発達してきたからです。ソーシャルメディアとは、インターネット上のウェブサイトなどを利用して、複数の人が情報を書き込んだり、閲覧したりできる仕組みで、世界中に発信できるのが大きな特徴の一つです。誰もが発信者になることができるソーシャルメディアの時代は、皆さんにとってはあたりまえの現実かもしれませんが、このようなメディア環境が生まれたのは、歴史的に見ればつい最近の出来事なのです。

〈光村図書3　58〜59ページ〉

池上　このようにソーシャルメディアのメリットを述べる一方、使い方を間違えると、意図せず個人情報が見ず知らずの人たちに伝わったり、エビデンスのないデマに踊らされたりする危険性も高まるという、このメディア特有の問題点を指摘した後、藤代さんはこう語りかけます。

ソーシャルメディアで自分が得た情報を他の人に伝える際は、その情報が正しいかを確認する必要があります。正確な情報を発信することで、多くの人に役立つ情報を広げることもできます。ソーシャルメディアを使う私たちは「情報のリレー」に参加しているのです。だからこそ、情報発信の責任が私たちにも求められるようになっています。

〈光村図書3　60ページ〉

佐藤　ソーシャルメディア時代に必要な発信者としてのリテラシーを、「情報のリレー」というキーワードを効果的に使って論じています。

そういう池上さんも、「メディアと上手に付き合うために」という文章を書いています〈光村図書2　56〜58ページ〉。これは、教科書用の書下ろしですか？

池上　そうです。

佐藤　そういう時には、出版社の編集部から何か中身についてのリクエストがあるのでしょうか？

池上　かなり詳細な要望がありました。「こういう方向性にしてください」「これは入れてください」

と、がんじがらめに近い。（笑）

佐藤　学習指導要領から外れるわけにいかないから。

池上　そういうことです。一方で、「あまり易しい内容では困ります」「中学生にしっかり考えさせる文章でお願いします」と。そんなこと言われても、という感じだったのですが。（笑）

佐藤　あの池上彰に普通に頼んだら、どこまでも分かりやすく書いてしまうと「恐れた」のではないでしょうか（笑）。ともあれ、「多少骨のある文章を載せる」という作り手の意図が伝わってきます。やはり、教科書に載っているのは、社会に出た人間が学び直す価値のある素材なのです。

太宰と漱石に、ちょっとツッコミ

池上　国語の教科書は昔とあまり変わらないという話をしましたけど、載っている文学作品にも、変わらないものがありますよね。例えば、二社の教科書とも二年生で出てくる「走れメロス」。これは、私たちの時代からありました。ただし、今の教科書には載っているラストの数行は、当時はカットされていましたけど。

佐藤　そうなんですか。

池上　間一髪間に合って、磔台に釣り上げられていく友セリヌンティウスの足にしがみつくメロス。「途中で一度、悪い夢を見た」と告白するメロスの頰をセリヌンティウスが音高く打ち、「たった一度だけ、ちらと君を疑った」と言うセリヌンティウスの頰をメロスが殴る。そして、「ありがとう、友よ」とひしと抱き合い、二人は声を放って泣く。その姿を群衆の背後から見ていた暴君ディオニスは、静かに二人に近づいて、「お前らは、わしの心に勝ったのだ。信実とは、決して空虚な妄想ではなかった。どうか、わしも仲間に入れてくれまいか」――。このシーンで終わりだったのです。

原作では、次の文章が続きます。

どっと群衆の間に、歓声が起こった。
「万歳、王様万歳。」
一人の少女が、緋のマントをメロスにささげた。メロスは、まごついた。よき友は、気をきかせて教えてやった。
「メロス、君は、真っ裸じゃないか。早くそのマントを着るがいい。このかわいい娘さんは、メロスの裸体を、皆に見られるのが、たまらなく悔しいのだ。」
勇者は、ひどく赤面した。

〈学校図書2　131ページ〉

佐藤　私の中学の教科書には、載っていた記憶があります。

池上　こんなところまで、教科書にはふさわしくないと考えられていた時代があったのです。
ところで、この作品に関する面白い話があるんですよ。ある中学生が、「メロスは走っていなかった」というレポートを発表したのです。メロスの妹が結婚式を挙げた村から、親友の待つ刑場まで一〇里とあります。ですから、約四〇km。復路、メロスが村を出発したのが「薄明の頃」だから、約束した日没までざっと一〇時間あるでしょう。

佐藤　なるほど。時速四kmは、歩く速さです。途中のアクシデントと言えば、川が増水していて泳いで渡らざるをえなかったというのと、山賊に遭遇したこと。ここで時間を費やしたのか。

池上　数学の問題ですね。「川を渡るのに、これだけ時間がかかりました。メロスは、残りの距離を平均何kmで移動する必要があるでしょうか」。(笑)

佐藤　でも、「濁流とうとうと下流に集まり、猛勢一挙に橋を破壊し、どうどうと響きを上げる激流」を泳いで渡るんですよね。何十分もかけていたら、体力がもちません。一気呵成に渡り切ったと見るのが、妥当です。

池上　山賊たちも、「『気の毒だが、正義のためだ!』と猛然一撃、たちまち三人を殴り倒し、残る者のひるむ隙に、さっさと走って峠を下った」とありますから、ほとんど秒殺で処理されています。(笑)

佐藤　「メロス走っていない説」は、かなり信ぴょう性が高いとみなくてはなりません。

池上　みんな疑いなく「メロスは走った」と思い込んでいたのだけれど、そうすると、友の処刑にぎりぎり間に合ったというシチュエーションには、逆に矛盾が生じてしまうんですよ。中学生の発見は本当に目から鱗で、教育界でもけっこう話題になりました。

佐藤　太宰治の担当編集者の数学リテラシーが、ちょっと足りなかったのかもしれません。

池上　漱石の「坊っちゃん」も定番です。光村図書は一年、学校図書は二年の教科書に載っています。

佐藤　「坊っちゃん」は、すがすがしい青春小説のように受け取られている節があるのですが、そうではありません。ひとことで言えば、中堅のエリートが、鼻持ちならない超一流大学出のエリートを叩きのめすという、「バイオレンス小説」です。

教科書に収載されているのは、中学教師として松山に旅立つところまでですが、ラストでは、盟友山嵐が解雇されたのに怒り、山嵐とともに黒幕の教頭赤シャツとその腰巾着の野だいこに鉄拳制裁を加えたうえで、校長に辞表を叩きつけて松山を去るわけです。物事は理屈ではなく、その時の感情で決めればいいのだ、という「教訓」を残して（笑）。痛快ではあるけれど、あまり建設的ではない。

池上　学校図書のほうには、漫画家の夏目房之介さんの書いた「孫が読む漱石——坊っちゃん」という「書評」が掲載されています。この人も、「で、今回読んだ印象はどうだったかというと、まずいことに『坊っちゃん』好き、漱石好きを不快にさせそうなことばかり目につくのである」という前置きで粗筋などを述べた後、こう指摘します。

坊っちゃんは、ちょっとした暗示で簡単にだまされる。ほとんどアホに近い単純な人間のように描かれている。（略）

作者は、『坊っちゃん』を楽しんで書いている。漱石は複雑で厄介な人間だから、こういう人物

を造形しながらウップンを晴らしたのだろう。気晴らしだから、自分の体に染み込んだ江戸弁的な啖呵や負け惜しみのリズムに、素直に乗れる快感があるのだ。（略）

坊っちゃんは、近代心理小説の登場人物が持つ厄介な「内面性」を、みごとなほど持っていない。だからこそ漱石は書いていて楽しかったはずなのだ。

〈学校図書2　99〜100ページ〉

池上　文豪漱石を堂々とののしるのも、ここまで心情を推し量れるのも、夏目房之介氏が漱石の孫ゆえなのかもしれません。

佐藤　時は明治。坊っちゃんは東京、山嵐は会津の出身でした。「書評」の、「坊っちゃんも山嵐も、所詮負ける側の人間で、官軍、維新政府に目の敵にされ、新時代に敗れてゆく旧旗本と会津藩の組み合わせとして置いてみた、ということだろう」という分析は、まさにその通りだと思います。このように時代背景を重ね合わせて読むというのも非常に重要で、それによって従来とは違った読み方ができたりもします。

とはいえ、現場の先生が「坊っちゃん」についてこのレベルまで語れるでしょうか。そうでないと、教科書に触発されて文庫本を手にした中学生の頭に、おかしなメッセージを植えつけてしまう可能性があると思うのです。この作品がずっと教科書に載り続けている理由が、私にはちょっと分かりません。

「大根おろし」と「おでん」の違いは?

池上 国語の教科書にも、いろんな「囲み企画」が載っていますね。こういうつくりは、我々の頃とは違うところです。

佐藤 学校図書の一年の教科書にある「コピーライターの発想と技」なんていうのは、いかにも「今風」です。

池上 我々の子ども時代には、そもそもそんな職業はありませんでした。(笑)

佐藤 糸井重里さんが、その「心得」を語っています。途中から引用してみましょう。

もうちょっと方法的に言いましょうか。例えば「大根」というテーマが与えられた。これに対して思いつく単語を挙げよ。大根おろし。みそ汁。根菜。――この辺は、大根を囲む宇宙としては大根のギリギリ外側しか表現していない、いちばん小さい宇宙です。ここに「おでん」を入れると、宇宙は鍋にまで広がる、おでん屋の店先にも、おでん屋のおやじにも広がる。つまり、「大根おろし」と「おでん」では、全然次元が違うわけ。

僕たちが何かを考える時には、必ず「まなざし」があります。まなざしのないイメージはない。どんなイメージにも視線がある。で、「大根」についてだけ見ている限りでは、上から見たり横から見たりするだけだけど、「おでん」を出したおかげで、大根の隣で煮えているものの宇宙も獲得できる。おでんの「おつゆ」や「だし」を発見した時には、コンブについて北海道まで旅ができる。コンブが揺れてる海の中まで話は広がっていく。その宇宙の大きさを、自分の想像で大きくしたり小さくしたりすることで、入ってくる要素が変わる。でも、「おつゆ」までいった時に「だし」まで思い浮かばない場合には、そこでストップしてしまうんですね。これを思いつくかどうかが、日頃の何かなんです。どんなささいなことでもいい、概念として、どれだけいっぱいのことを知っているか、それがたくさんあればあるほどいい。

この訓練を少ししてみてください。

〈学校図書1　99〜100ページ〉

佐藤　これは、単にコピーの作り方を超えて、「発想を広げるための発想法」を語っています。

池上　やっぱり「どれだけいっぱいのことを知っているか」は重要なのです。知識がないと、発想も広がっていきません。

佐藤　池上さんがおっしゃったように、現在の国語教科書には、「話す」とか「討論する」といった能力のアップを意識したページが、けっこうあります。「ディベート」や「パネルディスカッション」のやり方まで解説されています。

池上　社会に出ても、パネルディスカッションをやる機会は、あまりないとは思いますが。（笑）

佐藤　就活の面接には役に立つかもしれない。（笑）

光村図書の三年生の教科書にある「相手や目的に応じたスピーチをする」というのは、けっこう実践的です〈36〜40ページ〉。「聞く人の心に残るスピーチをするには、相手や目的を明確にし、場の状況に柔軟に対応しながら話す必要がある」として、スピーチの内容と構成などについて、アドバイスしています。

池上　「時間配分、内容、相手を意識した話し方を、構成メモにまとめてみよう。話す内容は複数準備しておき、相手の反応を見て、選べるようにしておくとよい」。なるほど、けっこう至れり尽くせりですね。どうもスピーチが苦手だという人には、大いに参考になるのではないでしょうか。

佐藤　言語についてのうんちくも満載で、そこも勉強になります。例えば、「表意文字と表音文字」。

世界には、文字は数えきれないほどたくさんありますが、大きく二つの種類に分けることができます。表意文字と表音文字です。

文字の始まりは絵でした。それが記号化して象形文字になりました。一つの文字と一定の意味が結びついて語を表せるのが表意文字です。エジプトのヒエログリフやマヤ文明のマヤ文字がこれです。

新しい事柄が増えるのに合わせて新しい表意文字を作るのは大変なことです。そこで、文字から意味を切り離し、一定の音と結びつけ、文字の組み合わせで語を表せるようにしました。これが表音文字です。アルファベットをはじめ、現在ほとんどの文字が表音文字です。

漢字は、語の音も意味も表すので、表意文字の中でも表語文字と呼ばれます。日本語は表語文字と表音文字とを併用している珍しい言語です。

〈学校図書3　39ページ〉

池上　今の話と併せて、光村図書の「漢字の造語力」という文章を読むと、漢字のすごさがより理解できるでしょう。

幕末から明治時代にかけて、西洋からさまざまな書物が入ってきて、学者たちはその翻訳に取り組んだ。ところが、そもそも日本にはなかった事象や概念も多かったために、訳に窮してしまった。そこでどうしたか？

漢字は一字一字が意味をもち、熟語として組み合わせることでさまざまな意味を表すことができる。このような漢字の造語力を用いて、数多くの翻訳語が作られた。

例えば、「society」という語は、当初、「仲間」「交際」などさまざまに訳されていた。しかし、後に、人々の集まりという意味を表す「社」と「会」を組み合わせた「社会」という熟語が考え出され、定着した。

次のような抽象的な意味を表す熟語も、この時代に西洋の書物から翻訳され、やがて定着したものである。

・芸術…………art
・科学…………science
・文化…………culture

〈光村図書3　129ページ〉

「漢字博士」もいいのですが、普段何気なく使っている文字の成り立ちや歴史を知ることのほうが「おでん」につながりやすいのは、確かだと思います。

佐藤　国語の教科書にも、そういう生きた知識がぎっしり詰まっています。

第7章

英語

ひたすら音読して、「中三レベル」をキープする

二人が読んだのは——
◉東京書籍「NEW HORIZON English Course 1〜3」〔2015年3月11日検定済〕
◉三省堂「NEW CROWN ENGLISH SERIES 1〜3」〔同〕

英語のコミュ力が鍛えられる実用版

池上　まず次の英文を読んでみてください。アラスカの自然に魅せられた写真家で、一九九六年、カムチャツカ半島でヒグマに襲われて命を落とした星野道夫さんについて綴られた文章の一部です。

In Michio's photographs, the beauty of Alaska will stay with us forever. That is the magic of photographs. However, the Alaskan wilderness is changing because of global warming. The Arctic glaciers are melting. The polar bears and seals photographed by Michio cannot hunt and catch food. The habitat of the caribou is growing smaller. Even the Inuit are losing their traditional way of life.

The Alaskan wilderness was special to Michio. He used his photographs to share it with us, and to show us the importance of life on the Earth. Michio's own life was changed because of one photograph. Perhaps his photographs will also change someone's life. Maybe Michio's Alaskan photographs will encourage us to think about the beautiful Earth we share.

〈東京書籍3　110～111ページ〉

どうでしょう？　これは、中学三年の英語の教科書の最後に出てくる文章です。つまり、中学英語をマスターするということは、読解に関して言えば、このくらいの文章をスラスラ読めるようになることを意味するわけです。

佐藤 ビジネスで会った外国人と普通の会話をしたり、ビジネスレターを読んだり、あるいは海外旅行で自由に振る舞ったりするのには、中学英語で十分です。

池上 この東京書籍の教科書の「資料編」には、二〇一四年にノーベル平和賞を受賞したマララ・ユスフザイさんの国連演説の抜粋が載っています。「One child, one teacher, one book, and one pen can change the world. Education is the only solution.」というラストのフレーズが有名になりましたが、中学校の英語で、国連演説が「読める」のです。

ちなみに、あくまでも参考までにですが、今は教科書の英文の日本語訳を掲載しているサイトなどもありますから、適宜利用してみるのもいいでしょう。

佐藤 ただ、教科書を開いてみると、実際には圧倒的に会話文が多いのです。

池上 いまだに「中学英語では、しゃべれるようになれない」と主張する人がいますが、ぜひ実際に教科書を読んでみてもらいたいものです。まあ、それくらい英語の教科書は、以前とはガラリと変わっています。一例を挙げれば、教科書に出てきて会話に参加する人たちが、多国籍。

佐藤 我々の頃は、確かMikeとかMaryとかいう、英米人の親子や友人が数人出てくるくらいだったと思うのですが。

池上 東京書籍の一年の教科書には、最初に「主な登場人物」総勢一一人が紹介されています。うち日本人は四人。中一の日本人の同級生には、カナダ出身で日本文化に興味がある Alex Green と、インド出身で音楽好き、バンドをやっている Deepa Mitra、英語の授業の助手であるALT（Assistant Language Teacher）はボストン出身の Ellen Baker で、サッカー部のコーチにブラジル出身の Paulo Fernandes がいます。欧米圏以外の人もいるわけ。しっかりグローバル時代を踏まえているんですね。

佐藤　ちゃんとキャラ設定までする芸の細かさがある。（笑）

同時に、自分たち日本人については、以前と違って名前のローマ字表記を、日本語同様「姓・名」とするように指導されます。「名前を書こう」〈三省堂1　17ページ〉では、例えば田中久美なら、「Tanaka Kumi」と書くこと、と。

池上　そういうグローバル社会の中で、日本の伝統を大切にしていこう、という政府の方針を先取りしたのでしょう。

佐藤　今のような「書いてみよう」という課題がところどころで出てくるのですが、例文に我々の習った「筆記体」が見当たりません。

池上　筆記体は、「ゆとり教育」の時になくなりました。だから、今の若者は筆記体が書けないのです。一年生の教科書には、最後の付録のところに「草書体」としてチラッと出てくるのですが、「こういうのもありますよ」という扱いですね〈三省堂1　140ページ〉。個人的には、筆記体くらい書けないと、なんとなく寂しい感じがするのですが。

佐藤　なにか教養人ではないような（笑）。もっとも、今はヨーロッパでも筆記体を使いません。手書きの時もブロック体なのです。現在はあまり使われていないのだから、わざわざ覚える必要はないということなのかもしれません。

あと面白いのは、三省堂のほうの「アルファベットを覚えよう」というページ〈三省堂1 12ページ〉。「A,B,C……」の前に、「Q,W,E……」というパソコンのキーボード配列の表示が出てきます。

池上 本当だ。時代は変わりました。

「会話が多い」と言いましたが、一年の時から、超実用的なシチュエーションが設定されているのも、昔との違いです。

東京書籍のほうには、文字通りの「Daily Scene」というコーナーがあって、例えば、「元気のないエリカを心配した韓国人のクラスメイトのユンホは、彼女を自分の誕生パーティーに招待しようと電話をかけます」というような設定で、会話が交わされます〈東京書籍1 72~73ページ〉。ここでは、父がアメリカ人、母が日本人の十三歳と、その同級生の韓国人もラインアップに加わりましたね。（笑）

「年末を迎えてにぎわう町で、エリカは外国人観光客の男性に道を訪ねられます」という、明日にでも起こりそうな場面もあります。例文では、駅までの道を聞かれるのですが、地図には図書館や書店なども載っていて、それぞれどう答えたらいいのかを問われます。

佐藤 「I'm sorry. I don't know. I'm a stranger here.――すみません。このあたりはよく知らないのです」という例文まで載っている。本当に実用的です。

池上　中学の英語は、会話力、コミュニケーション能力重視というか、そこに特化していると言っても、いいくらい。

佐藤　理屈はいいから、とにかく外国人とコミュニケーションを取れるようにしましょう、というスタンスが明確です。

「怪しい英文」は一掃された

池上　私たちの時代、中学一年生の英語の教科書といえば、「This is a pen.」。

佐藤　我々の頃も、一ページ目はそれでした。

池上　でも、こんなヘンテコな英文もなくて、「これはペンです」って、赤ん坊じゃないのだから見れば分かる。（笑）

佐藤　母音の前の冠詞は「an」だという例文に、「This is an orange.」というのがありました。「これはミカンです」。見れば分かるというだけではなくて、ある時イギリス人に、「それは誤訳だ」と指摘されたんですよ。日本人のいう「温州ミカン」は、「オレンジ」ではなく「マンダリン」なのだ、と。どれだけ多くの日本人が、誤りを教えられてきたことか。（笑）

池上　安心していいのは、その手の「怪しげな文章」が、今の教科書には出てこないことです。同じペンでも、生徒とさっきの Baker 先生とのやり取りに、こういうかたちで出てきます。

Ms. Baker, this is your pen.
Oh, yes. That's my pen.
Here you are.
Thank you.
You're welcome.

〈東京書籍1　30ページ〉

佐藤　現在は、ネイティブチェックが徹底していますから、「作った英語」の類はなくなりました。逆に言えば、日本のような環境でそれをしっかりやらないのは、大変危険なことなのです。

例えばさっきの冠詞だって、「a」とか「the」とか機械的に覚えるのだけれど、実は面倒くさい。「Sato」「a Sato」「the Sato」は、全部違うのです。「Sato」はいいとして、「a Sato」は「佐藤とかいう人」で、「the Sato」になると「何かしでかした佐藤」のニュアンスになる。

池上　あの佐藤さんが……。

佐藤　ついにお縄になったか、と。そんな感じになるわけです（笑）。だから、普通は人の名前に冠詞をつけてはいけません、ということ。

池上　有名なジョークがあります。海外のホテルのフロントで、「Call me taxi」と言ったら、フロント係がにっこり微笑んで、「OK, Mr. Taxi」と答えた。「私をタクシーと呼んでください」「承知しました、タクシーさん」というやり取りだったというわけです（笑）。タクシーを呼びたいのだったら、「Call me a taxi」と言うべきだった。まあ、現実には、プロのホテルマンが「また、おかしな英語をしゃべる日本人が来たよ」と斟酌して、ちゃんとタクシーを手配してくれると思いますが。

佐藤　日本人が考えた自虐ネタかもしれません。

池上　でも、ジョークにならないこんな実話もあります。海外の寝台列車に乗り込んで、指定された上段のベッドに上がろうとした日本人男性がいた。下段に先客の女性がいたので、「私はこの上です」というあいさつのつもりで「on you」と言ったら、突然女性が怒り出した。「on」は「接触」を意味するので、そのシチュエーションで使うのは、非常にまずかったわけです（笑）。ともあれ、冠詞とか前置詞とかは、日本人にはなかなか感覚として捉えづらいですよね。

佐藤　そういう感覚的なものは、日常的にネイティブな環境にいないと難しいでしょう。

我々が英語を機械的に教えられていた例をもう一つだけ挙げておくと、「How are you?」をどう訳すのか？「ご機嫌いかが？」と暗記したのだけれど、これは場所や状況によって、訳し変えないといけないのです。

池上　ああ、まさにその話で思い出すことがあります。昔、まだ南スーダンが独立する前のスーダンに取材に行った時のこと。ホテルの部屋に毎朝、現地の人から「How are you?」と電話がかかってきたのです。ずいぶんていねいな扱いをしてくれるんだなあ、と思っていたら、ほどなくそうではないことが分かりました。実は当時、日本では新型インフルエンザが流行していたのです。要するに、外から見ればウイルス汚染国だった。

佐藤　新型コロナウイルスのように。

池上　そういうことです。だから、入国の時に問診票のようなものを書かされていた。彼らにしてみれば、「危険な国」からやってきたわけの分からない民間人に、母国に恐ろしいウイルスを持ち込まれたりしたらたまらない。それで毎日、「今朝の具合はどうだ？」と、私に尋ねていたわけ。軽い気持ちで「今日はちょっと頭が重くて」なんて返していたら、大きな騒ぎになっていたかもしれません。

佐藤　その使い方が、さっきの「Daily Scene」に出てくるんですよ。学期のはじめ、慣れない環境で体調を崩した前出のエリカに、アメリカ人の父が声をかけるというシーン。

Erika, how are you today?
Not so good.
What's wrong?
I have a headache.
Take this medicine, and take a rest.
Thank you, Dad.

〈東京書籍1　64〜65ページ〉

池上　素晴らしい。この教科書で学んでからスーダンに行くべきでした。（笑）

佐藤　かつての「How are you?」と言えば「I'm fine, thank you.」という決まりきった受け答えと比べて、どちらの実用性が高いのかは、一目瞭然でしょう。今の教科書からは、こういう生きた英語が習得できるのです。

ひたすら読んで血肉にする

池上　昔と違って、中学の英語教科書には、「実戦」ですぐに役立つコンテンツが盛りだくさん。社会人の学び直しに適した教材であることは、話してきた通りです。それを前提に言うのですが、会話文が増えたということは、逆に減ったものがあるわけですよね。

佐藤　はい。「理屈抜き」でやるのですから、理屈に関する部分、すなわち文法は薄くなります。外国語を深く理解するためには、理屈の要素も必要ですから、中学生に対する英語学習という切り口で見ると、問題なしとは言えません。

池上　佐藤さんとは、二〇二〇年の大学入試改革を中心テーマに語り合った『教育激変』（中公新書ラクレ）という本を出したほか、国の進める教育改革について何度か対談しました。その際、教育改革自体は必要だしその目指す方向も間違っていない、ただし英語教育には疑問符がつく、というのが共通認識だったわけです。実際の大学入試をめぐっては、すったもんだの末に、新たな「共通テスト」への「話す・書く」の試験の導入は、公平性の確保に関する技術的な問題もあって延期されました。

佐藤　外国語の習得には、「読む・聞く・話す・書く」の四技能があります。このうち、語学力のMAXは、読解力なのです。読む力で外国語力の天井が決まります。同じ文章を聞いたり、話したり、書いたりできるのに、読むことができないということは、ありえません。英語力を高めるためには、この四技能のバランスを取りつつ、進んで読解力を身に付けていくことが大切なのです。

池上　そのためには、やはり文法をしっかり学ばなくてはならないのだけれど。

佐藤　日本人はいざという時、英語がしゃべれない。それは、学校教育が「話すこと」を軽視しているのが原因だ——という人たちの声もあって、中学の教科書がここまで変わったのでしょう。でも、高校に行くと急にレベルがアップしますから、生徒たちは大変だと思います。

池上　英語教育の改革については、おっしゃったような四技能のバランスを含めて、まだ模索の段階にあると言えますね。

ただし、話を戻せば、今の教科書は、英語力をすっかり錆びつかせてしまったビジネスパーソンにとって、願ってもない学び直しの武器になります。

佐藤　実用的で間違いのない文章が並んでいるだけではなくて、今の教科書には本文の横のところに、ていねいなグロッサリー（用語解説）が付いています。実は、これも重要な意味を持っている。

池上　昔の教科書にはなかった工夫ですね。非常に分かりやすくなっています。

佐藤　語学習得の初期の段階では、とにかく単語や熟語を頭に入れることが先決です。そういう点からすると、辞書を引くという作業は指の運動にはなっても、外国語の習得そのものには無関係です。読んでいる文章のすぐ横にある語句をどんどん吸収していくのが、効率的なのです。

そうしたものの力も借りながら、学び直しの社会人はひたすら音読すればいいと思います。理屈抜きで。(笑)

池上 アポロ11号の月面着陸のテレビ中継で、宇宙船とヒューストン宇宙センターとの交信の模様を伝えたりして「同時通訳の神様」と言われた國弘正雄さんは、かつて「只管朗読」を提唱しました。「ただひたすら座禅すること」を意味する禅宗の「只管打坐」をもじったもので、今佐藤さんがおっしゃったように、「英語をモノにしたければ、ひたすら音読せよ」ということです。

NHKでキャスターをしている頃、それに倣って、中学の教科書をひたすら声に出して読んでいたことがありました。中一だと易しすぎるので、二年生、三年生のを買ってきて。

佐藤 池上さんはすでに実践していたのですね。

池上 「昔の教科書」でしたけど、それでもやった甲斐はありました。ビジネスパーソンには、絶対お勧めです。

ちなみに、会話文、実用的な文章が増えたと言いましたが、もちろん「読み物」がないわけではありません。しかも、世界に起きているいろんなことを考えさせる、やはり「生きた教材」になっています。

三省堂のほうから拾ってみると、例えば二年生の教科書に、「Landmines and Aki Ra」という話が出てきます〈112～115ページ〉。「Landmine」は「地雷」。子ども時代、強制的に少年兵にされ、多くの地雷を埋めたアキ・ラというカンボジア人が、内戦が終わっていろんな生き方をしている人たちと出会う中で、「人生は自分で選べるんだ」ということに目覚めて、地雷除去に奮闘しているというストーリー。

三年生になると、スーダンの大地にうずくまる餓死寸前の子どもと、その近くに舞い降りたハゲワシを映した、有名な「ハゲワシと少女」についての一文があります〈「A Vulture and a child」112～113ページ〉。

佐藤　ピューリッツァー賞を取った一枚ですね。

池上　本になり映画化もされた「風をつかまえた少年」の話も、「We Can Change Our World」という文章になっています〈104～107ページ〉。アフリカ、マラウイ共和国の貧しい村の十四歳の少年が、廃材で作った風車で発電して村を救ったんですね。そうかと思うと、「The Story of Nishikori Kei」も〈108～111ページ〉。こういう英文を何度も暗記するくらい読めば、相当な英語力が身につくでしょう。

佐藤　構成も、とても考えられています。例えば東京書籍の三年生の教科書は、次の六つのユニットから成っています。

「海外でも愛されている日本の文化（Pop Culture Then and Now）」「広大なアマゾンの熱帯雨林から受ける自然の恩恵（From the Other Side of the Earth）」「フェアトレードがかえる社会のしくみ（Fair Trade Event）」。「フェアトレード」は、地理でも出てきました。そして、「被災地の流木から作られた楽器がかなでる音色（To Our Future Generations）」「ロボットと暮らす未来（Living with Robots – For or Against）」「アウンサンスーチーの目指す世界のあり方（Striving for a Better World）」。このそれぞれに、登場人物同士の会話や説明文が上手に組み込まれている。

池上　本当に、つくりが現代的で立体的です。

佐藤　これらをマスターすれば、頭で考えなくても、英語が反射神経に操られてスラスラ口から出てくるようになるでしょう。グローバル時代恐れるに足らず。サバイバル戦には、それで十分生き残れるはずです。

池上　実際には、仕事上必要になる専門用語などを覚えなくてはなりませんけど、それも基礎的な形が頭に入っていれば、さして難しいことではありません。

佐藤　外交官、通訳、メディアの国際部の記者、外国人相手のビジネスマンといった職業に就いていれば別ですが、それ以外の大卒者の英語力は、大学に合格した時点がピークです。その後は、実力が下降線をたどり、四十歳くらいになると中二レベルに戻ってしまう。それではあまりに寂しいし、サバイバルの上でも大いに不安だから、再び中三までもっていって、最低限それをキープすることを考えればいいのです。

池上　騙されたと思って、中三の教科書を中心に隅から隅まで何度も音読する。英語については、シンプルにそれを実践しましょう。

第8章

道徳

自分と他人の「スタンダード」を知る

二人が読んだのは――

◉東京書籍「新しい道徳1〜3」[2018年3月5日検定済]
◉光村図書「中学道徳　きみがいちばんひかるとき1〜3」[同]
◉廣済堂あかつき「中学生の道徳　自分を見つめる1」「同　自分を考える2」「同　自分をのばす3」[同]
◉日本文教出版「中学道徳　あすを生きる1〜3」[同]
◉学研「中学生の道徳　明日への扉1年〜3年」[同]
◉学校図書「輝け　未来　中学校道徳1年〜3年」[同]
◉日本教科書「道徳　中学校1　生き方から学ぶ」「同2　生き方を見つめる」「同3　生き方を創造する」[同]
◉教育出版「とびだそう未来へ　中学道徳1〜3」[同]

「性善説」に立ち、「価値中立的」なストーリーを語る

池上　戦後の道徳教育が始まったのは、私が小学校の時代なんですよ。戦前の「修身」の復活か、とずいぶん騒がれました。

佐藤　修身は、大日本帝国憲法の下で、臣民すなわち「天皇に服従を誓う国民」の心得を学ぶものでした。

池上　それが軍国主義の醸成に利用され、戦争という不幸の要因になったということで、戦後は廃止されたわけです。ところが、時代が下って、いろんな少年犯罪が起きたりするたびに、昔は修身があり教育勅語をきちんと教えたから、こんなことはなかった。世の中の乱れを正すためには、何がしかの教育が必要だ――と主張する人たちの声が徐々に高まりました。そういう経緯もあってできたのが、道徳という教科だったわけです。

佐藤　実際には、少年犯罪が増加したり、凶悪化したりといった事実は認められなかったのですが。

池上　そうです。思い込みだったのです。ともあれ、いざ導入となると、最初に言ったように、これには「戦前の修身の復活ではないのか」という強い反対が起こりました。そこで、そうではない、教科書は作らないし成績も付けません、「特別な教科」に位置付けます、というかたちでスタートしたのでした。

ですから、二〇一八年度から小学校で、翌一九年度からは中学校でそれが正式な教科に「昇格」し、

こうやって文部科学省検定済教科書もできた、成績も付ける、というのは、「修身的なもの」の創設を願った人たちにとっては、ようやく悲願が叶ったという言い方もできます。

佐藤　でも、実際の教科書を読む限り、全体としては、自民党の文教族の中で非常に保守的な人たちが望んだような中身には、なっていません。国が特定の道徳観を押し付けるという意味での愛国心みたいなものとは一線を画す、という編集方針が明確に見てとれます。

池上　そうですね。そういう考えを持つ人たちからすれば、〝仏作って魂入れず〟になっているのかもしれません。

佐藤　歴史教科書にも出てきた杉原千畝を取り上げた教科書もいくつかありますが、まあ、「日本人がこんなにいいことをしました」というお話ですから〈学研3「杉原千畝の選択」170〜174ページ、他〉。

池上　全体を眺めた時に、そういう「日本は素晴らしい」という話も、目立って多く載っているわけでもないですね。

佐藤　反対に、「日本はこんなに悪いことをしました」というのを教えるのも「道」ではあるのですが、さすがにそれもない（笑）。全体的な傾向としては、基本、性善説に立脚しつつ、価値中立的な教科書になっていると感じます。

池上　社会の中で価値相対化が進んだ結果、いい悪いは別にして「これが絶対に正しいんだ」と言えなくなっている現実が、道徳の教科書に見事に反映されていますよね。

佐藤　おっしゃる通りです。「よし、復古主義的な中身にしてやろう」と仮に考えたとしても、現状

がポストモダン的なので、それに受け入れられるように変換してみると、杉原千畝に落ち着いてしまう。(笑)

池上 無難に、「平均」から外れないようにしよう。読んだ中では、ほとんどの教科書がそういう印象です。

佐藤 ただ、一つだけ言っておきたいのは、日本の道徳教育には、「世俗化された宗教」が通底しているということです。例えば、宗教科を設置している学校は、道徳を「免除」されます。道徳で教えることが宗教的な意味合いを持っているから、ということ以外、その理由は見つかりません。

池上 道徳で教えることは宗教の授業で代替できる、という位置付けなのですね。道徳が宗教的でないというのなら、なぜそれが許されるのだ、という話になるでしょう。

佐藤 そうなのです。ただし、道徳では、宗教科のように教義を教えたりはしません。日常の習慣の中に入れ込んで世俗化したものを学ばせるのです。例えば「礼儀」や「挨拶」。つまり、世俗化されたかたちで道徳に組み込まれているのは、国家神道という宗教なのです。

日本文教出版の二年生の教科書に「和樹の夏祭り」という話が出てきます〈62〜64ページ〉。副題に「地域の祭りの大切さ」とあって、内容はゴミ問題や騒音で夏祭りが中止になってしまった、という状況について考えさせるものです。

池上 最近、よく聞く話です。

佐藤 そうなんですが、その前に、そもそも現在の祭りというのは神道の習俗にほかなりません。近代になってから作られた伝統です。

池上 お祭りの話は、教科書の中にチラチラ出てきますね。

佐藤 「これは日本人の習慣だ」「こう振る舞うのが当たり前」という部分こそ、実は道徳の語る宗教性そのものです。そういう意味では、取り上げるエピソードは価値中立的なものではあるけれど、国家神道が教科書レベルで復活を果たしたということは、言えるのではないでしょうか。

断っておきますが、だから今の道徳教育は間違っている。即刻取りやめろ——などというのではありません。生きていく上で普遍的に大事なことを語っているのも、事実ですから。ただし、今申し上げたような認識は、常に心に留めておくべきではないかと思うのです。特に注意すべきは、そういう日本人にとっての習慣や当たり前のことが、外から見ると必ずしも「当たり前」ではない、ということです。

池上 礼儀正しいのも驚きなら、誰一人自分の意見を持たず、周囲につき従っているように見えるのも驚き。（笑）

佐藤 グローバルスタンダードからすれば、明らかに異質です。ちなみに、ある種「公民化」でもなく宗教を超えた「常識」を教え込む道徳のような教科は、諸外国にはありません。そうした「特殊な」ものを、中学生は学んでいる。いや、我々自身も、取引先のあの人も学んできたわけです。

池上 そういう自分たちの「スタンダード」をあらためて見つめ直す。そんな問題意識を持って、「教科書になった道徳」を読んでみるのは、非常に意義のあることだと思います。

「リアルな現実」を問う教科書もある

佐藤　さて、今回、道徳に関しては、八社の教科書に当たってみました。ほとんどが、述べてきたように「安全な」話を並べたものだったわけですが、中に二つ、けっこうキャラの立った教科書がありました。一つは、学校図書。

池上　この教科書は、日常のよしなしごとや、偉い人の話などを集めたものとは、明らかにトーンが違いますね。

佐藤　例えば、三年生の教科書には、「万引き」（菅明男著）の話が出てきます。

中学三年の秋、それは学校の帰り道だった。

みんな部活を引退して、高校入試に真剣に取り組み始める頃だ。進学希望の高校もだいたい決まり、みんなが受験勉強に専念し始めた、ある日のことだった。

「ねぇ、明日香は万引きしたことある？」

友達の京子の唐突な質問に、私は戸惑った。

万引きなんて、そんなこと実際にやってみようと思ったこともない。でも、みんなはどうなのだろうか。こんなふうにきいてくるからには、京子は万引きをしたことがあるのだろうか。

「ううん、ないけど……。」

とりあえず、私はそう答えた。

「じゃあ、一回やってみない？　私もしたことないんだけど、美里がこの前、駅前のショッピングセンターの本屋でうまくいったんだって。」

京子の言葉に、私は驚いた。美里は、京子と同じく仲の良い友達だ。でも、美里は交友関係が広い。よその中学校の友達も多く、私たちが知らない情報もいろいろ知っているのだ。

「よその中三の子も、結構やっているらしいよ、あそこで。みんな部活がなくなって、暇なんだよ。」

こんなふうに言われて、私はなんとなく断ることができず、次の土曜日にショッピングセンターへ行くことになってしまった。

〈学校図書3　88〜89ページ〉

結局、誘われた明日香だけが店員に捕まり、警察に突き出されてしまう。

池上　こういう「性悪説」の話は、他にはあまり出てきません。しかも、リアリティがあります。

佐藤　そう。「暇だから万引きする」とか、「この店には監視カメラがない」とか。（笑）あえて突っ込むとしたら、「人のものを盗むという、人としてやってはいけないことをしてしまった。／私の軽い気持ちが、お母さんをこんなにも悲しませてしまったんだ……。／ごめんなさい、ごめんなさい……」で終わるのだけど、一番謝らなくてはいけない相手は、お母さんなのか？

池上　警察でも「この頃は、君みたいな女子中学生の万引きが増えているんだ」とお説教されているように、店の被害は甚大なのです。

佐藤　「人としてやってはいけないこと」について、もう少し深めてもらいたい感じもします。そういうのは、万国共通だから。（笑）

池上　教材を読んだ後の議論などで、フォローされるのだとは思いますが。

佐藤　同じ三年生に「鏡の中の私」という漫画があって、ここで取り上げられているのは、ネットによるいじめです〈100～107ページ〉。サイトに悪口を書き込まれた彩花が、自分がシカトされないために、悪口が書き込まれていることを教えてくれた優奈を身代わりにすべく、フェイク情報を書き込む。この話も、「優奈に……悪いことしちゃった……／でも……代わりがいないと私が……」という終わり方をしています。「結論」なし。

池上　生徒たちにどういう話し合いをさせるのか、先生の力量が問われそうです。

同じ教科書には、ドラッグも出てきますね。これは強烈だ。

佐藤　「ドラッグは二つの顔を持つ」文　水谷修〈130～135ページ〉。依存症に陥って、親が水谷さんを頼った少年、少女の描写が、やはりリアル。

私の知っているある少女は、友人と共にアルミホイルの上に覚せい剤の結晶を乗せ、あぶってその煙を吸引し、そのたった一回の乱用で依存症となりました。数か月後、ベッドの周りをはい回り

ながら殺虫剤を使う、彼女の異様な姿に驚いた両親が、私に相談してきました。彼女には、覚せい剤による幻覚で、ベッドの周りから無数の虫がはい出しているように見えていたのです。
私は彼女を、薬物依存症の治療を専門に行っている病院に預けましたが、退院後、今度は、自分の顔から虫がはい出してくる幻覚を見、かみそりで十数か所、自分の美しい顔を切ってしまいました。

〈学校図書3　133〜134ページ〉

池上　すごいですね。他の教科書には、こういう話は出てこないので、余計にインパクトがあります。中学生に薬物の怖さを語ること自体は、非常に意味のあることだと思いますけど。

佐藤　読んだ中では、この教科書が一番「面白い」と感じます。もし私が教えるのだったら、これを使いたい。

池上　教科書の著作者のところに、「創価大学教職大学院教授」という肩書の方がいますね。これもちょっと、変わっているというか。

佐藤　だったら、少なくとも創価学会系の学校は、その教科書を採択するのではないでしょうか。ちなみに、宗教科があれば道徳は必要ないと言いましたが、創価学園は宗教の時間がない一般の学校として創設しているので、宗教を教えないことになっている。なので、普通の学校同様、道徳を学習するのです。

池上　深読みすると、なるべく国家神道に寄らない教科書を作ったのか。

佐藤　そうなのかもしれません。

ちなみに宗教というものは現実の「悪」とどう向き合うかについて具体的に考えているので、こうした具体的な悪を教える教科書ができるのではないかとも思います。非常に特徴的な教科書です。

二年生の教科書には、「国」というタイトルで、王貞治さんの回想が載っています。

私は、日本に帰化しようとは思っていない。もし私が日本に帰化すると言えば、反対する者は一人もいないだろう。いや、父は寂しく思うかもしれない。だから、私は帰化しないのだ、と言えるかもしれない。

しかし、現実には帰化しなくても不便なことは何もない。今まで不自由を感じたこともない。

（略）

父の祖国である中国と、母の祖国である日本、そして、私が父と母の血を半分ずつ受けて生まれた日本。どちらも私にとっては祖国である。その証拠に、中国という言葉、日本という言葉、そして、祖国という言葉を聞いただけで、私の瞳は潤み、胸の底から熱いものが込み上げてくる。

〈学校図書2　40〜41ページ〉

王さんは、ナショナリズムを超えた「地球市民」的な発想を持つことで、自らの微妙な立ち位置の問題に対して、自分で結論を導いたわけです。

この学校図書の道徳教科書を見ていくと、一年では、他社の教科書と同じようにいろんな話が総花的に並んでいるのです。これが導入部。二年になって、難問だけれど解決可能な問題を提示して、三年になったら満を持して万引き、いじめ、ドラッグというシビアな現実を持ってくる。これらは、「悪いことです」「やめましょう」では、答えにならない。非常に戦略的というか、考えて作られている感じがします。

池上 なるほど。そういうところも異色だと言えるかもしれません。

「愛国的」にエッジの効いた教科書もあった

佐藤 もう一つ、他の教科書と差別化を図っているのが、日本教科書です。

池上 この教科書には、「日本は素晴らしい」という方向の話が、他に比較すると目立って多いんですね。

佐藤 特に二年生の教科書に集中しています。例えば「ウズベキスタンの桜」〈142〜145ページ〉。

一九四五（昭和二十）年八月――戦後、捕虜となった約二万五千人の日本人はウズベキスタンに送られました。現地での日本人の労働は、ダムや運河、水力発電所、劇場などの建設でした。毎朝六時に起床し、厳しい環境の中、来る日も来る日も働き続けました。異国の地でしだいに体調を崩し

ていく日本人たちは、日に日にやせ細り、ついに命を落としてしまう者まで出てきました。ナヴォイ劇場建設に携わった人達も同様でした。「もう無理です。もう働けません……。」と弱音を吐く人もいました。

「戦争中に我々は多くの町を破壊してきた。今度は誰かのために新しいものを作ろうではないか。いいか、たとえどんなに過酷な状況であろうとも、この地に世界一の劇場を作るんだ！」

それからも彼らは、助け合いながら規律正しく働き続けました。

〈日本教科書2　143ページ〉

史実を記録するのは大事ですが、こういう話こそ客観的かつ冷静に綴るべきだと思うのです。

一九九一（平成三）年にソ連からウズベキスタンが独立すると、初代大統領は記念プレートを作成し、ナヴォイ劇場の入り口に掲げました。

〝一九四五年から一九四六年にかけて、極東から強制移送された数百名の日本国民が、このアリシェル・ナヴォイ劇場の建設に参加し、その完成に貢献した。〟

このプレートには「捕虜」という言葉は使われず、「日本国民」と刻まれています。

〈日本教科書2　144ページ〉

わざわざ作った記念プレートに、「捕虜に建設させた」と刻むでしょうか？

池上　そこここに、筆者の強い「想い」が込められた文章です。

佐藤　想いを込めすぎたのか、間違った記述もあります。「コンスタンチン君　命のリレー」〈154～159ページ〉。

サハリンに住む大やけどを負った三歳の子どもを、空路札幌の病院に連れてきて命を救ったという話なのですが、文中に「当時の日本とソ連の間には、正常な国交が整備されていなかった」とあります。でも、これは一九九〇年八月の出来事だから、明らかな事実誤認です。一九五六年の日ソ共同宣言で、両国の正常な外交関係は樹立されていましたから。

池上　そうですね。出典には「ジュニア版ＮＨＫプロジェクトＸ」とあります。

佐藤　引用元のミスなのかどうか分かりませんが、教科書に載せて、中学生に「嘘」を教えてはいけません。

池上　「台湾に遺したもの」（白駒妃登美著）という一文でも、かつての日本人を褒めちぎっています〈146～147ページ〉。

今の若い世代の中には知らない人も多いかもしれませんが、日本と中国が戦争をした日清戦争後の一八九五年から、第二次世界大戦が終わる一九四五年まで、日本は台湾を統治していました。この統治に当たって、日本人が真っ先に取り組んだのが教育だったと言われています。その証拠

として、驚くべきことに、統治が始まった翌月には台北郊外の芝山巌に学校がつくられているのです。

ところが翌年の元日に、悲劇が起こってしまいます。

新年の祝賀会に訪れた日本人の六人の先生が、日本の統治に反対する人々に襲われ、命を落としたのです。

実はこの頃、台北の治安は悪化しており、教師たちは心ある台湾の住民から避難するように言われていました。ところが彼らは首を縦に振らず、「たとえ自分たちの命がここで果てようとも、日本人が台湾の教育にここまで情熱を注いでいたという思いは残すことができる」と、命を懸けて教壇に立ち続けていたのです。

この衝撃的な事件が日本に伝えられた時、この知らせを聞いてもなお、というより、むしろこの知らせを聞いたからこそ「台湾には教育が必要である」と考え、日本の優秀な人材が次から次へと台湾への赴任を希望したといいます。

〈日本教科書2　146〜147ページ〉

佐藤　日本の統治に反対したのは、「心ない」「教育の足りない」人間たちだった、という文脈になります。

台湾ではこの他にも、一年生用の教科書で、歴史でも出てきた八田與一に八ページを割いています

〈「大地―八田與一の夢」153〜160ページ〉。

池上　三年生の教科書には、やっぱり杉原千畝が載っていました〈「苦悩の決断」84〜87ページ〉。

佐藤　二年の教科書に戻ると、戦時中、米軍の空襲にさらされた新潟・長岡市と、日本軍による真珠湾攻撃の戦災都市ホノルルとの友好の物語が、「白菊」というページで語られます〈148〜151ページ〉。

池上　長岡は、連合艦隊司令長官、山本五十六の出身地ですね。

佐藤　「白菊」というのは、有名な長岡の花火大会で打ち上げられる白一色の花火のこと。シベリア抑留の経験を持つ花火師が、友人の慰霊、鎮魂の意味を込めて考案したのだそうです。これを、ホノルルで終戦記念日の八月十五日に打ち上げた。

池上　同じ話が日本文教出版の一年生の教科書にも載っています〈「花火に込めた平和への願い」62〜67ページ〉。ただ、日本教科書のほうは、続くページで、二〇一六年十二月二十七日に安倍晋三首相が真珠湾で行ったスピーチを付けていますね。

佐藤　そうです。

私たちを見守ってくれている入り江は、どこまでも静かです。
パールハーバー。
真珠の輝きに満ちた、この美しい入り江こそ、寛容と、そして和解の象徴である。
私たち日本人の子どもたち、そしてオバマ大統領、皆さんアメリカ人の子どもたちが、またその子

どもたち、孫たちが、そして世界中の人々が、パールハーバーを和解の象徴として記憶し続けてくれることを私は願います。

〈日本教科書2　152ページ〉

池上　中学生に「和解」の意義を真に理解してもらおうと思ったら、どんな「喧嘩」だったのかを深く知ってもらわなくてはなりません。

佐藤　という感じで、この教科書は、明らかに中身に他社とは違う「角度」を付けています。

池上　日本教科書という出版社を今回初めて知ったのですが、ホームページを見ると「道徳の教科化に伴い、平成28年4月に設立した」とあります。道徳に特化して、なおかつ他とは違ったエッジの効かせ方をしているわけですね。

ポストモダンが止まらない

佐藤　本のつくり自体が個性的なのは、今の二社ですが、教育出版の教科書の各学年の巻末に付いている「都道府県にゆかりのある人物と、その言葉」というのはまた、シュールな企画です。一年生の教科書には、例えば北海道・千代の富士貢、青森県・棟方志功、岩手県・宮沢賢治、宮城県・伊達政宗……。

池上　それはまた。選択基準は何なのでしょうか。（笑）

佐藤　群馬県・向井千秋、千葉県・山崎直子。とうの昔に鬼籍に入られた方々の中に、ちらほら現役も交じっている（笑）。ここにラインアップされるのは、どんな気持ちなのでしょう。

長野県・真田信繁（幸村）、新潟県・上杉謙信、山梨県・武田信玄、岐阜県・織田信長、静岡県・徳川家康と、甲信越・中部地方は戦国武将で固めたところに、三重県・吉田沙保里が飛び込んできます。「常に全力でやる！　集中して一生懸命やる！　目標を決めたら脇目もふらず、進んでいく」（笑）。このコーナーを作成した人に、整合性という概念はないようです。とても不思議な人選です。

池上　むしろ、それが狙いなのではないですか。でも、吉田沙保里さんにとっては、とんだとばっちりという感じもします。

二年生もすごいですよ。栃木県・渡辺貞夫「楽に出る音は、楽な音しかしなくて、手応えがないのでおもしろくない」。その下に、埼玉県・塙保己一「命限りに励めば、などて業の成らざらんや」。（笑）

なぜか北関東から南に、「苦楽」に関するメッセージが並んでますね。茨城県・徳川光圀「苦は楽の種、楽は苦の種と知るべし」、千葉県・鈴木大地「選手の時は『楽』と『厳しい』かで物事を考え、必ず『厳しい』を選んでいました」、東京都・澤穂希「苦しいときは私の背中を見なさい」（笑）。それにしても、これらの断片的な言葉からどんな教訓を引き出したらいいのでしょうか。クイズ番組の出題には役立つかもしれないけれど。

佐藤　石川県・西田幾多郎、岐阜県・高橋尚子、三重県・本居宣長、岡山県・有森裕子、高知県・や

なせたかし、福岡県・大隅良典……。沖縄県・島田叡は、沖縄戦の時の県知事です。「断じて行えば鬼神もこれを避く」はいいのだけれど、結局「玉砕」したじゃないですか。大丈夫でしょうか？

池上　ツッコミどころは満載なのですが、わざわざ道徳の教科書の巻末に付けた意味自体が、よく分かりませんね。

佐藤　要するに、ポストモダンなのです。「大きな物語」は語らない。小さな差異に着目して、興味を引きそうなキャラクターとその言葉をただ並べているだけ。

池上　結果的に、何のメッセージにもなっていません。厳しい言い方ですが、作り手がそのことに気付いていないのではないでしょうか。

佐藤　そう思います。ただ、このパートには顕著にそれが表れたと思うのですが、他の教科書も、間違いなくそういうポストモダン的な要素を宿しています。

池上　極端ではあるけれど、決して例外ではないということですね。

佐藤　道徳教育に関しては、それを分かっておくことも重要なところだと思うのです。

こんなコンテンツが載っている

池上　ここまで、わりと特徴のある教科書、言い方を変えると我々がツッコみやすいところを取り上げてきたわけですが、全体を見れば、道徳の教科書は基本的に「ノーマル」だと言っていいでしょう。

佐藤　初めに論じたように、「無難で平均的」という意味で。

池上　そうです。

それぞれの教科書には、最初に「何を学ぶのか」ということが示されているのですが、例えば光村図書の教科書には、こんなふうにまとめられています。

自分自身を見つめる鍵

自主、自律、自由と責任／節度、節制／向上心、個性の伸長／希望と勇気、強い意志／真理の探究、創造

人との関わりを見つめる鍵

思いやり、感謝／礼儀／友情、信頼／相互理解、寛容

集団や社会との関わりを見つめる鍵

遵法精神、公徳心／公正、公平、社会正義／社会参画、公共の精神／勤労／家族愛、家庭生活の充実／学校生活、集団生活の充実／郷土の伝統と文化／国の伝統と文化／国際理解、国際貢献

生命や自然、崇高さについて考える鍵

生命の尊さ／自然愛護／感動、畏敬の念／よりよく生きる喜び

〈光村図書３　４〜５ページ〉

学習指導要領もありますから、各社、この骨格は変わりません。その上で、「無難で平均的」など

ころを感じ取ってもらうという意味で、最後に「各教科書には、例えばこんな話が載っています」というのを紹介しておきましょう。
今さんざん悪口を言った教育出版ですが(笑)、三年生のラストには、「カムイモシㇼとアイヌモシㇼ」(文・本田優子、村木美幸)というお話が載っていて、こんな始まり方をします〈170〜173ページ〉。

アイヌの世界観を理解するうえで大切なのは、カムイモシㇼ(神の世界)とアイヌモシㇼ(人間の世界)の関係性。アイヌって、現在は専ら民族をさす言葉として使われてるけど、そもそもは「人間」という意味なの。それに対して、カムイも「神様」って訳されることが多いけど、唯一絶対の神ではなく、動物や植物など「自然」と呼んでもいいような存在。

〈教育出版3　170ページ〉

佐藤　歴史の副読本にいいような話です。同じ教科書には、英語で出てきた「ハゲワシと少女」の話も載っています〈30〜33ページ〉。
光村図書の三年生には、池上さんの「選挙は『税金を使う人』を選ぶ」という一文が載っています〈95〜96ページ〉。
池上　恥ずかしながら。引用はいいですよ。(笑)
佐藤　そうですか。いい話なんですが。

これから先、誰もが直面するかもしれない「命の選択」〈138～139ページ〉という話が、同じ三年生の教科書にあります。

肺がんを患って入院した祖父は、「いよいよ私の命が危ないということになったら、延命措置はしないでほしい」と家族に告げます。間もなく苦しみ出した祖父について、両親は、症状の改善のために喉を切開して人工呼吸器を付けることを医師から提案されました。両親は祖父の意志を尊重するつもりだったのですが、いざその時が訪れ、祖父が苦しんでいるのを見ると、たまらなくなって人工呼吸器を祖父につけてしまいます。

人工呼吸器をつけられた祖父は、今は静かに眠っている。父と母は祖父の手を握りながら言った。

「おじいちゃん、ごめんよ、ごめんよ。でも、これでよくなる人だっているんだよ。がんばろうな。」（略）

病院からの帰り道、僕は父に言った。

「これでよかったのかな。」

「父さんも、わからなくなった……。おじいちゃんには、一日でも長く生きていてほしい。でも、おじいちゃんは、人工呼吸器をつけるのを、あんなに嫌がっていた。父さんたちは間違っているのか。父さんたちは、どうすればよかったんだろう……。」

そう消え入りそうな声で言うと、父は静かに歩き出した。僕は、父の後ろ姿を見つめていた。

〈光村図書3　139ページ〉

池上　これも結論は出しにくいですね。

学研の三年生の教科書には、パラトライアスロンの佐藤真海（結婚し、現在は谷真海）選手が登場します〈「スポーツの力」160〜164ページ〉。

佐藤　東京オリンピック・パラリンピックの開催が決まった二〇一三年のIOC総会の最終プレゼンテーションで、感動的なスピーチを行った人ですね。

池上　大学時代に骨肉腫と診断され、右足の膝から下を切断。苦しみと悲しみの中で陸上競技と出会い、走り幅跳びでアテネ、北京、ロンドンと三回のパラリンピック出場を果たす――。そんな彼女のストーリーも感動的なのですが、なかなか工夫しているなと思うのは、それに続いて、佐藤さんたちのためにスポーツ義足をつくった義肢装具士の臼井二美男さんを取り上げているところです〈『血の通った義足』を作りたい」166〜168ページ〉。

平成三年（一九九一年）、臼井さんは義足を履いている人たちに声を掛け、陸上スポーツのクラブを立ち上げました。スポーツを始めた人は、仲間ができ、気持ちが明るくなっていきました。そして運動能力が上がることで、生活の幅が広がり、見違えるように積極的になりました。自分の製作した義足で自信を取り戻す人たちを見て、臼井さんは仕事にさらに強いやりがいを感じました。

（略）スポーツ義足をヒントに、臼井さんは普通の義足にもどんどん改良を加えました。おしゃれな柄の入ったもの、かっこいいデザインのもの、ハイヒールが履けるものも作りました。
臼井さんは高校時代に美術部にいて、もともと物を作ることは好きなほうでした。しかし、この仕事に大切なのは、器用さや技術ではなく、人とのコミュニケーションだと考えています。
「私は何のために仕事をするか。」今の臼井さんがそう自問したとき、臼井さんの答えは「私の作る義足を待っている人のため。」です。臼井さんは、自分の作った義足を履いている人たち何百人と、常にメールや携帯電話などで連絡を取り合っています。修理を受け、相談にも乗ります。

〈学研3　167～168ページ〉

佐藤　「何のために仕事をするか？」。これも、人生においてブレないようにしたいところです。
廣済堂あかつきの三年生用には、東日本大震災で甚大な被害を受けた宮城県女川町の中学生たちの取り組みを描いた「千年先のふるさとへ」という話があります〈137～140ページ〉。

（震災を）「記録に残す」ための方法について調べを進めていたときだった。一九三三（昭和八）年に起こった昭和三陸地震の折の津波の被害を伝える碑が、町の所々に建てられていることが分かったのだ。しかし、その石碑の文字は旧字体で書かれていたために読める者が少なくなり、中には場所を移動させられたものもあったせいで、石碑の存在自体が忘れ去られていた。女川の先祖たちが、津波の脅威を後世へ伝えようとしていたにもかかわらず、その思いはいつしか途切れ、今回の震災に生かされることはなかった。

「私たちで、新しい石碑を作れないだろうか。」

生徒たちは女川の歴史を知ることで、今度は自分たちが町の未来をつくっていきたいと考えるようになった。

こうして、一年生の生徒たちの手によって、女川町にある全二十一か所の浜の、津波到達点に石碑を建てるというプロジェクトが動き始めた。

二年生に進級すると、実行委員会をつくって具体的な計画を立てていった。あの日を思い出し、ときには涙を流しながら何度も話し合いを重ねてまとめた内容を、町の人たちの前で発表したときのことだ。発表が終わると、会場から大きな拍手が沸き起こった。

――自分たちもこの町を支えたい。

生徒たちの計画を知った町の人たちが、協力を申し出てくれるようになった。町全体が歩み始める。誰も、ふるさとに対する思いは同じだった。（略）

二〇一三（平成二十五）年十一月二十三日、女川中学校には生徒の家族や町の人々の姿があった。小春日和の中、生徒たちが紅白のひもを引くと、白い幕が下りて高さ約二メートルの白御影石が現れた。

「いのちの石碑」第一号である。

一基目の石碑は、津波から免れた母校に建てられた。石碑には、生徒たちのふるさとへの思いが込められたメッセージが刻まれている。


ここは、津波が到達した地点なので、絶対に移動させないでください。

もし、大きな地震が来たら、この石碑よりも上へ逃げてください。

逃げない人がいても、無理矢理にでも連れ出してください。

家に戻ろうとしている人がいれば、絶対に引き止めてください。


今、女川町は、どうなっていますか？

悲しみで涙を流す人が少しでも減り、笑顔あふれる町になっていることを祈り、そして信じています。

〈廣済堂あかつき3　138〜140ページ〉

佐藤　こういう話を読んだ時に、「東南海地震は千年先ではない」という認識を新たにすることが大事だと思うのです。
東京書籍にも、三年生の教科書に池上さんの「心にしみこむ〝言葉〟の力」が載っています〈162〜

165ページ〉。今度は、「締めの言葉」として、抜粋を紹介させていただきましょう（笑）。短い文章の中に、コミュニケーションの極意が語られています。

私は十一年間、「週刊こどもニュース」というテレビ番組の司会をしていました。子供たちのお父さん役として、社会の出来事や大人としての気持ちを伝えてきました。当然、大人に対するように話しても子供たちには伝わりません。こちらはかみくだいて話しているつもりでも、「分かんない。」と言われてしまいます。そこで「どうして分からないの。」と言ってしまったら、おしまいです。どこが分からないのか、どの言葉が理解できないのか、まずは、子供たちの話に耳をかたむけなければなりません。

最初のうちは、もどかしい思いもしました。しかし回数を重ねるうちに、子供たちの気持ちがよく分かってきました。彼らが考えていること、彼らが知りたがっていること、それが分かったときに、私の言葉がすうっと子供たちの心にしみこんでいったのです。この経験は私にとって、とても貴重なものでした。（略）

特にビジネスの場では、ぐっと感情をおさえなくてはならないときがあります。頭ごなしにおこりだす上司もいるでしょう。ごうまんな態度で無理難題をおしつけてくる得意先の人間もいるでしょう。言い返すわけにもいかず、ただじっとたえるだけです。こちらの気持ちを伝えたくても、相手は聞く耳をもってはいません。本当にストレスがたまります。そんなときには、こう思うとどうでしょう。「あの人は、こんなごうまんな言い方しかできないんだな。」「あの上司は、おこることでしかストレスを発散できないんだなあ。」と。そう思うことで、気持ちも楽になります。（略）

最後に一つ。人は自分の気持ちを話すことが大好きです。分かってもらいたいという欲求はだれにでもあります。例えば同窓会などの集まりで、「ああ、今日は楽しかったな。」と思って満足している人は、自分ばかりがしゃべっていた人に多いと思います。他人の話を聞くばかりで、あまり話すことができなかった人は、「何かもの足りなかったな。」と感じていると思います。二人で会って、五対五くらいの割合でしゃべったとしても、どこかもの足りなさが残るものです。それが人間というものではないでしょうか。自分の気持ちを伝えたいという思いは、それほどまでに強いのです。

だからこそ、聞いてあげることが大事なのです。コミュニケーションの原点は、相手の話をよく聞くことです。それが、私が記者生活から得た結論です。

〈東京書籍３　162～165ページ〉

池上　こうして読み直すと、私の言っていることは、はたして道徳と言えるのでしょうか。（笑）

あとがき

新型コロナウイルス禍で世界は深刻な危機に直面している。こういうときに普段意識していない国民性が表れる。今年四月七日、安倍晋三首相は緊急事態を宣言した。対象となるのは、東京、神奈川、埼玉、千葉、大阪、兵庫、福岡の七都府県だった。四月十六日、安倍首相は、緊急事態宣言の対象地域を全国に拡大すると発表した。具体的な措置は都府県知事に委ねられるが、この宣言によって、臨時医療施設のための土地、建物の使用が所有者の同意がなくても可能になる。また、医薬品や食品などの収用が可能になる。しかし、住民の外出や商店の営業の規制に関しては、法的拘束力を持たない自粛要請にとどまる。ところで、米国、イタリア、フランス、ロシアなどでは、感染拡大を防ぐために人の移動や商店の営業の制限を法律や条例で定めている。これに対して国も都道府県も法律や条例による制限には慎重だ。日本国憲法第二二条では、「何人も、公共の福祉に反しない限り、居住、移転及び職業選択の自由を有する」と定められている。何人もということは、日本国民だけでなく、外国人、無国籍者も含まれるということだ。移動（移転）の自由はあらゆる人が本来的に持つ基本的人権の一つだ。それを制限する唯一の例外が公共の福祉に関連する場合だ。新型コロナウイルスに感染した疑いのある人を一定期間隔離する、特定の国からの入国を規制するなどは公共の福祉によって正当化される。法律や条例によって、新型コロナウイルス対策として、人の移動を規制することも理論的には可能なはずだが、この国ではそれが行われない。この謎を解く鍵が本書にある。

佐藤　（前略）特に注意すべきは、そういう日本人にとっての習慣や当たり前のことが、外から見ると必ずしも「当たり前」ではない、ということです。

池上　礼儀正しいのも驚きなら、誰一人自分の意見を持たず、周囲につき従っているように見えるのも驚き。（笑）

佐藤　グローバルスタンダードからすれば、明らかに異質です。（後略）

（本書243頁）

「お上」（国や都道府県）が自粛を呼びかければ、法律や条例に相当する効果がこの国ではある。お上が国民の同調圧力を最大限に利用している。池上氏は、「誰一人自分の意見を持たず、周囲につき従っているように見えるのも驚き」と述べるが、これは危機に直面したときに日本人が取りやすい行動パターンだ。まさに「翼賛」だ。翼賛の本来の意味は、〈力を添えて助けること。天子の政治を補佐すること〉（『デジタル大辞泉』小学館）だ。翼賛は強制ではないという建前だ。人々が自発的に天子（皇帝や天皇）を支持し、行動することが期待される。期待に応えない者は「非国民」として社会から排除される。新型コロナウイルス対策の過程で、無意識のうちに翼賛という手法が強まっている。こういうことに気付くようになるためにも中学教科書レベルの知識を身につけ、自分の頭で考えることが重要になる。

本書を上梓するにあたっては、中公新書ラクレ編集長の中西恵子氏、フリーランスライターの南山武志氏にたいへんにお世話になりました。また、なかには批判的な評価があるにもかかわらず快く教科書の本文の利用を許諾してくれた、出版社にも心から感謝申し上げます。どうもありがとうございます。

二〇二〇年四月二十日

作家・元外務省主任分析官　佐藤　優

池上 彰　Ikegami Akira

1950年長野県生まれ。ジャーナリスト。慶應義塾大学卒業後、NHK入局。報道記者として事件、災害、教育問題を担当し、94年から「週刊こどもニュース」で活躍。2005年からフリーになり、テレビ出演や書籍執筆など幅広く活躍。現在、名城大学教授・東京工業大学特命教授など、計9大学で教える。『池上彰のやさしい経済学』『池上彰の18歳からの教養講座』など著書多数。

佐藤 優　Sato Masaru

1960年東京都生まれ。作家・元外務省主任分析官。英国の陸軍語学学校でロシア語を学び、在ロシア日本大使館に勤務。2005年から作家に。05年発表の『国家の罠』で毎日出版文化賞特別賞、翌06年には『自壊する帝国』で新潮ドキュメント賞、大宅壮一ノンフィクション賞を受賞。『修羅場の極意』『ケンカの流儀』『嫉妬と自己愛』など著書多数。池上彰氏との共著に『教育激変』などがある。

人生《じんせい》に必要《ひつよう》な教養《きょうよう》は
中学校教科書《ちゅうがっこうきょうかしょ》ですべて身《み》につく
12社《しゃ》54冊《さつ》 読《よ》み比《くら》べ

2020年6月25日 初版発行

著 者 池上《いけがみ》 彰《あきら》 佐藤《さとう》 優《まさる》

発行者 松田陽三

発行所 中央公論新社
〒100-8152 東京都千代田区大手町1-7-1
電話 販売 03-5299-1730 編集 03-5299-1840
URL http://www.chuko.co.jp/

DTP 市川真樹子
印 刷 大日本印刷
製 本 小泉製本

Published by CHUOKORON-SHINSHA, INC.
Printed in Japan ISBN978-4-12-005313-9 C0036